基金投资从入门到精通

老　牛　编著

人 民 邮 电 出 版 社

北　　京

图书在版编目（CIP）数据

基金投资从入门到精通／老牛编著．—北京：人民邮电出版社，2015.7

ISBN 978-7-115-39562-7

Ⅰ．①基…　Ⅱ．①老…　Ⅲ．①基金—投资—基本知识　Ⅳ．①F830.59

中国版本图书馆 CIP 数据核字（2015）第 123105 号

内容提要

如何理解基金投资，简单地说，基金投资就是将你手中的闲置资金交给投资专家，由其代替你进行证券投资，帮助你获得投资收益。与其他金融产品相比，基金具有集合理财、专业管理、组合投资、分散风险等优势。对于缺乏投资经验、不懂看盘、风险承受能力不高的大众投资者，基金无疑是最适合的理财工具。但是，并不是所有的基金都能带来好的收益。投资者要想真正从基金投资中获利，还需要掌握一些方法和技巧，尤其是学会选到一只好基金。

本书是一本人人都看得懂、学得会、用得上的基金投资实战指南。从认识基金，到选择基金，再到持有基金、赎回基金、转换基金，作者详细介绍了各类基金的基本知识、操作技巧及风险防范措施，大到基金组合的设计，小到买卖基金省钱、省时的窍门，书中都有详尽的介绍。另外，每一章最后的基金投资实例和明星基金经理操盘实录，可以帮助投资者将本章知识融会贯通，身临其境般地体验基金投资的魅力。当然，投资者在选择基金和基金经理时，还应根据自身的具体情况，切勿机械照搬，以免产生不必要的投资损失。

本书适合那些不太懂股票知识，或者没有时间研究分析股市，但又想分享牛市收益、让资产保值增值的投资者阅读。

◆ 编　　著　老　牛
责任编辑　陈斯雯
责任印制　焦志炜

◆ 人民邮电出版社出版发行　　北京市丰台区成寿寺路 11 号
邮编 100164　　电子邮件 315@ptpress.com.cn
网址 http://www.ptpress.com.cn
北京虎彩文化传播有限公司印刷

◆ 开本：787×1092　1/16
印张：13　　2015 年 7 月第 1 版
字数：200 千字　　2024 年10月北京第 30 次印刷

定　价：39.00 元

读者服务热线：（010）81055656　印装质量热线：（010）81055316

反盗版热线：（010）81055315

广告经营许可证：京东市监广登字 20170147 号

前　言

如今，虽然资本市场上的投资品种越来越多，但其复杂程度也越来越高，普通人与专业人士在资本市场的投资回报差距也越来越大。此时，各类基金的魅力则显得越来越突出。普通人购买基金投资，相当于花费很少比例的费用雇用了专业的基金经理和投研团队为自己服务，弥补了自己在知识上的短板，满足了自己分享资本市场收益的“贪婪”之心，同时也把风险降低到了可以控制的范围内，可谓一举三得。在华尔街，股市的投资主体大部分是各类基金，散户投资者比例很少。因此，从长期来看，基金必将成为未来个人投资者理财的主要方式之一。

基金具有分散风险、由专家管理、进入门槛低的优势，非常适合资本量少、投资知识不多的普通人。然而，基金的种类纷繁复杂，要想找到适合自己个性需求的基金产品，也同样需要下一番功夫，并不是所有基金都能获得好收益。

不少想买基金的人对于基金产品的特性、自身的财务需求和风险承受能力并没有清晰的认识，只是看到别人赚了钱，便也盲目地跟随入场，往往一有风吹草动，市场稍有起伏，他们便会手足无措。因此，对于基金投资的新手来说，花一点时间，对自己的需求和期望有一个明确的定位，对基金市场的结构和种类有一个大致的了解，是非常必要的，也是投资基金之前必须要做的功课。

为此，我们精心编写了这本《基金投资从入门到精通》。

资本市场是显露人性弱点的地方，所以在进入资本市场之前，我们必须要对自己先有个清醒的认识。我们对待风险的态度是什么样的，我们的财务状况是什么样的，我们期望的投资结果是什么样的。你能够明确地回答这些问题，才算是完成了进入资本市场的第一步。

知己知彼，百战不殆。了解自己之后，我们还需要了解基金市场的一些基本特征。宏观经济形势如何？资本市场是牛市还是熊市？货币型基金、债券型基金、股票型基金、对冲基金、ETF 基金都是做什么的，收益率和风险水平有哪些差异？怎么买基金和配置资产才能做到成本最低？对这些问题的认识，将直接影响我们的投资选择和收益水平。

针对这些问题，本书系统、全面地讲解了基金投资必备的基础知识、投资技巧和风险防范措施，并介绍了各类基金的基本概念，层层深入而又简明易懂。本书细致地介绍了投资者在实际操作中容易遇到的主要问题、关键细节及应对的方法与技巧，使投资者能够根据自己的实际情况，合理地设计出自己的“基金组合”，从而实现资产的保值和增值。本书的目的就是让每位读者都能轻轻松松学理财，快快乐乐买基金。此外，本书即能给初入门的基金投资者指点迷津，又能给基金投资的老手们提个醒，防止他们掉入投资的误区。

本书在内容写法和结构设计上有如下三个特点。

1. 内容全面。本书秉着“有用、实用、易用”的宗旨，深入浅出地介绍基金基本知识、选择基金的技巧、开放式基金的投资技巧、封闭式基金的投资技巧、股票型基金的投资技巧、指数型基金的投资技巧、债券型基金的投资技巧、货币型基金的投资技巧、保本型基金的投资技巧、其他基金的投资技巧和基金组合的投资技巧共11个方面的内容。

2. 案例生动。本书配以详尽的要点解析和大量的经典案例讲解，具有很强的实用性和操作性。希望读者通过本书的阅读与学习，能快速掌握基金投资的各种操作技巧，更好地选择投资目标，及时把握市场投资机会。

3. 通俗易懂。本书从零起点的基金入门开始讲解，逐步深入，旨在帮助基金投资者形成正确的投资理念，建立良好的操作策略，积累丰富的实践经验，为刚接触基金投资的人们提供详细的指导。

本书既适合新基民，也适合老基民，是一本所有基金投资者都易于接受和掌握的通俗读物。它将帮助你掌握基金方方面面的知识，最终成为轻松、精明、成熟的基民。

在本书的编写过程中，作者参考了大量的最新信息以及多位基金经理人的观点，在此一并表示感谢。由于编者水平有限、基金市场变化迅速，书中难免有不足之处，恳请读者批评指正。

目 录

目录

第一章

明明白白看基金
——认识基金

基金具有集合理财、专业管理、组合投资、分散风险的优势和特点。与其他投资理财产品相比，基金有很多显而易见的优势，如基金比储蓄的收益率更高，比债券的回报周期短，比股票的风险低，比房地产投资的门槛低，无需期货那样的专业知识，比投资其他贵金属、收藏品等理财产品省时省力。

第一节　了解基金

从广义上来说，基金和你平时在银行的储蓄、投资的股票、购买的国债一样，都属于投资理财产品。基金是将大家分散的资金集中起来，由基金管理者通过专业研究后进行投资，为投资者带来投资收益。通俗地讲，投资基金就是汇集众多分散投资者的资金，委托投资专家（如基金管理人），由投资专家按其投资策略统一进行投资管理，为众多投资者谋利的一种投资工具。投资基金集合大众资金，共同分享投资利润并分担风险，是一种利益共享、风险共担的集合投资方式。

什么是基金

基金是一种间接的证券投资方式。基金公司通过发行基金单位，集中投资者的资金，形成独立财产，由基金托管人（即具有资格的银行）托管，由基金管理人管理并运用资金，以投资组合的方法对股票、债券等金融工具进行投资。基金投资人享受证券投资的收益，也承担因投资亏损而产生的风险。

一、认识基金

从资金关系来看，基金是指专门用于某种特定目的并进行独立核算的资金。其中，既包括各国共有的养老保险基金、退休基金、救济基金、教育奖励基金等，也包括我国特有的财政专项基金、职工集体福利基金、能源交通重点建设基金、预算调节基金等。

我国证券投资基金开始于 1998 年 3 月，在较短的时间内就成功地实现了从封闭式基金到开放式基金、从资本市场到货币市场、从内资基金管理公司到合资基金管理公司、从境内投资到境外理财的几大历史性跨越，走过了发达国家历经几十年甚至上百年才走完的历程，取得了举世瞩目的成绩。目前，我国的证券投资基金已经具有了相当规模，成为我国证券市场的最重要机构投资力量和广大投资者重要的投资工具之一。随着我国基金业的快速发展，证券投资基金在我国资本市场中的地位与影响力不断提高，其对国内资本市场发展的积极作用也正在逐步显现出来。

二、基金的特点

1. 集合投资

基金将零散的资金巧妙地汇集起来，交给专业机构投资于各种金融工具，以获得资产的增值。

2. 分散风险

基金可以实现资产组合多样化，分散投资于多种证券。基金通过多元化经营，一方面借助于庞大的资金和投资者众多的优势使每个投资者面临的投资风险变小，另一方面又利用不同的投资对象之间的互补性，达到分散投资风险的目的。

3. 专家管理

基金实行专家管理制度，这些专业管理人员都经过专门训练，具有丰富的证券投资和其他项目投资经验。

4. 利益共享

基金投资者是基金的所有者，基金投资人共担风险，共享收益。基金投资收益在扣除由基金承担的费用后的盈余全部归投资者所有，并依据各投资者所持有的基金份额比例进行分配。为基金提供服务的基金托管人、基金管理人只能按规定收取一定的托管费和管理费，并不参与基金收益的分配。

5. 严格监管

为切实保护投资者的利益，增强投资者对基金投资的信心，中国证监会对基金业实行比较严格的监管制度，对各种有损投资者利益的行为进行严厉的打击，并强制基金进行较为充分的信息披露。在这种情况下，严格监管与信息透明就成为了基金的显著特点。

什么是基金的当事人

我国的基金依据基金会合同设立，基金投资人、基金管理人与基金托管人是基金的当事人。

一、基金投资人

基金投资人是基金的出资人、基金资产的所有者和基金投资收益的受益人。基金投资人的权利可以分为以下两大类。

一类为自益权，即为基金投资人个人的利益而享有的权利，如基金收益分享权、基金剩余财产分配权、基金证券的转让权，以及基金证券的赎回权等。

另一类为共益权，即为全体基金投资人的共同利益而享有的权利，当然也包含每一个基金投资人的个体利益在内，如召开基金持有人大会的提议权、对大会审议事项的表决权、对基金事务的知情权，以及对基金管理人、托管人等的起诉权。

基金投资人在享有权利的同时，也必须承担一定的义务，具体如图 1-1 所示。

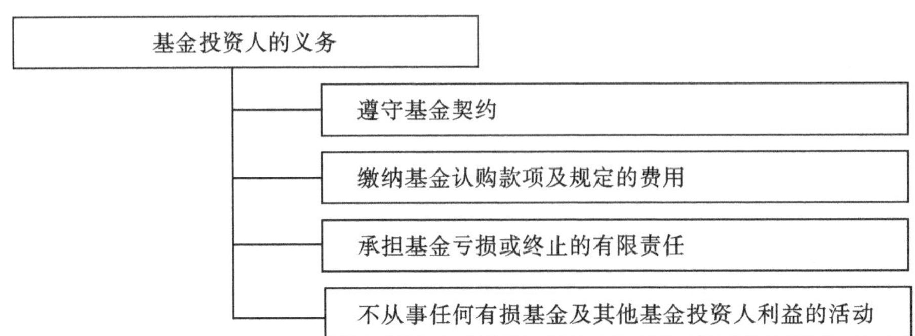

图 1-1　基金投资人的义务

二、基金管理人

基金管理人是基金产品的募集者和基金的管理者。基金管理人负责基金资产投资运作，在不同的基金市场上的名称有所不同，如美国的“投资顾问公司”或“资产管理公司”、日本的“证券投资信托委托公司”“投资信托公司”“投资顾问公司”等，我国则将其称作“基金管理公司”。

作为专业从事基金资产管理的机构，基金管理人最主要的职责就是按照基金契约的规定，制定基金资产投资策略，组织专业人士，选择具体的投资对象，决定投资时机、价格和数量，运用基金资产进行有价证券投资。此外，基金管理人还须自行或委托其他机构进行基金推广、销售，负责向投资者提供有关基金的运作信息（包括计算并公告基金资产净值、编制基金财务报告并负责对外及时公告等）。在我国，基金管理人只能由依法设立的基金管理公司担任。

三、基金托管人

基金托管人通常由具备一定条件的商业银行、信托公司等专业性金融机构担任，负责保管基金资产。在公司型基金运作模式中，托管人是基金公司董事会所雇用的专业服务机构；在契约型基金运作模式中，托管人通常是基金的名义持有人。基金托管人的职责如图 1-2所示。

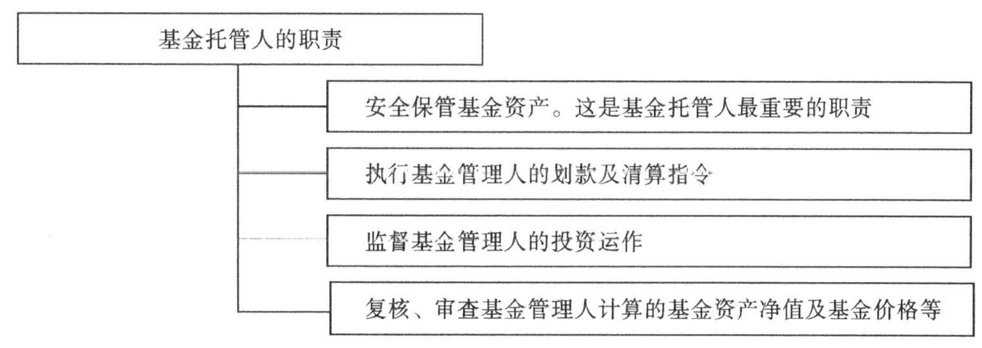

图 1-2　基金托管人的职责

我国对基金托管业务实行审批制，按照《证券投资基金管理暂行办法》的规定，基金托管人必须是满足一定条件的商业银行，资格条件包括实收资本金须超过 80 亿元人民币，具备必要的技术和机构设施等，在我国，基金托管人只能由依法设立并取得基金托管资格的商业银行担任。

三方当事人在基金的运作过程中形成三角关系：基金份额持有人委托基金管理人投资，委托基金托管人托管；基金管理人接受委托进行投资管理，监督基金托管人并接受基金托管人的监督；基金托管人保管基金资产，执行投资指令，监督基金管理人并接受基金管理人的监督。因此，基金份额持有人与基金管理人之间是委托人、受益人与受托人之间的关系；基金份额持有人与基金托管人之间是委托人与受托人之间的关系；基金管理人与基金托管人之间是平行受托和互相监督的关系。

基金的分类有哪些

根据不同标准可将投资基金划分为不同的种类，具体所表 1-1 所示。

表 1-1 基金的分类

分类依据	种类	分析
根据基金是否可增加或赎回分类	开放式基金	指基金设立后，投资者可以随时申购或赎回基金单位，基金规模不固定的投资基金
	封闭式基金	指基金规模在发行前已确定，在发行完毕后的规定期限内，基金规模固定不变的投资基金
根据组织形态的不同分类	公司型投资基金	由具有共同投资目标的投资者组成以盈利为目的的股份制投资公司，并将资产投资于特定对象的投资基金
	契约型投资基金	也称信托型投资基金，是指基金发起人依据其与基金管理人、基金托管人订立的基金契约，发行基金单位而组建的投资基金
根据投资风险与收益的不同的分类	成长型基金	指把追求资本的长期成长作为其投资目的的投资基金
	收入型基金	指主要投资于可带来现金收入的有价证券，以获取当期的最大收入为目的的投资基金。收入型基金资产成长的潜力较小，损失本金的风险相对也较低，一般可分为固定收入型基金和权益收入型基金
	平衡型基金	其投资目标是既要获得当期收入，又要追求长期增值，通常是把资金分散投资于股票和债券，以保证资金的安全性和赢利性
根据投资对象的不同分类	股票型基金	指以股票为投资对象的投资基金
	债券型基金	指以债券为投资对象的投资基金
	货币型基金	是指以国库券、大额银行可转让存单、商业票据、公司债券等货币市场短期有价证券为投资对象的投资基金
	期货基金	指以各类期货品种为主要投资对象的投资基金
	期权基金	指以能分配股利的股票期权为投资对象的投资基金
	指数型基金	指以某种证券市场的价格指数为投资对象的投资基金
	认股权证基金	指以认股权证为投资对象的投资基金

投资基金的准备工作

工欲善其事，必先利其器。投资者开始炒基金前，需要做好以下准备。

一、了解自己的投资需求

投资者应清楚自己有多少资金可用于投资，可以投资多长时间，可以承担的风险如何，希望达到多少收益率。投资者用于买基金的钱应当是自己的闲钱，这样负担较小，不会因为借钱而承受支付利息和本金可能受损的双重压力。即使基金暂时的表现差强人意，也不会过于焦虑，更不会出现急于归还借款而赔钱出局。但即使用自己的闲钱买基金，投资者也要学会运用“三分法”，即 1/3 用于储蓄，1/3 用于买保险，而另外的 1/3 才可以买基金。

二、选择合适的时机投资

一般来说，在市场相对低迷的时候，基金净值相对较低，未来的可能收益率相对较高且市场风险较小，宜于投资。

三、保持良好的心态

投资者买卖基金，既要能面对基金净值下跌的煎熬，又要能在基金净值的上涨中享受快乐。赔钱没必要气馁，赚钱也不应过度兴奋，关键是要学会控制自己的情绪，调节自己的心态，做到可持续发展。其实，离市场远一点，反而会看到更多规律。

四、选择合适的基金品种

投资者应在不同的时期采用不同的基金品种组合。市场低迷时，股票型基金的投资比重可以更大一些；当市场盘整时，不妨多投资一些混合型基金；当市场处于高位且风险较大时，可卖出股票型基金而投资于货币型基金或中短期债券型基金以规避风险。当然，最简单的操作就是做一个指数型基金及货币型基金的投资组合，在市场处于相对低位时购买指数型基金，在相对高位时将指数型基金转换为货币型基金避险。

第二节　基金与其他品种的区别

目前可供国内居民投资的金融产品日益增多，除了传统的银行存款、债券、保险和股票之外，基金作为一种高收益而风险相对较低的投资品种，越来越受到广大投资者的青睐。那么基金与其他的理财产品的不同之处在哪里呢？

基金与股票、债券的区别

基金与股票、债券相比，存在以下的区别，如表 1-2 所示。

表 1-2　基金、股票和债券的区别

区分	基金	股票	债券
性质不同	基金的全称为“证券投资基金”，是指一种利益共享、风险共担的集合证券投资方式，即通过发行基金单位，集中投资者的资金，由基金托管人托管，由基金管理人管理和运用资金，从事股票、债券等金融工具投资，并将投资收益按基金投资者的投资比例进行分配的一种间接投资方式	股票是股份公司签发的、证明股东所持股份的凭证，是公司股份的表现形式	债券是指依法定程序发行的，约定在一定期限还本利息的有价证券
投资者地位	基金持有人是基金的受益人，体现的是信托关系	股票持有人是公司的股东，有权对公司的重大决策发表自己的意见	债券的持有人是债券发行人的债权人，享有到期收回本息的权利
风险程度	基金的基本原则是组合投资，分散风险，把资金按不同的比例分别投资于不同期限、不同种类的有价证券，把风险降至最低程度	一般情况下，股票的风险大于基金。对中小投资者而言，由于受可支配资产总量的限制，只能直接投资于少数几只股票，这就犯了“把所有鸡蛋放在一个篮子里”的投资禁忌，当其所投资的股票因股市下跌或企业财务状况恶化时，资本金有可能化为乌有	在一般情况下，债券的本金可以得到保证，收益相对固定，风险比基金要小
收益情况	收益是不确定的	收益是不确定的	收益是确定的
投资方式	基金是一种间接的证券投资方式，基金的投资者不再直接参与有价证券的买卖活动，而是由基金管理人具体负责投资方向的确定和投资对象的选择	直接承担投资风险	直接承担投资风险
投资回收方式	视所持有的基金形态不同而有所区别：封闭式基金有一定的期限，期满后，投资者可按持有的份额分得相应的剩余资产，在封闭期内还可以在交易市场上变现；开放式基金一般没有期限，但投资者可随时向基金管理人要求赎回	股票投资是无限期的，除非公司破产、进入清算，投资者不得从公司收回投资，如要收回，只能在证券交易市场上按市场价格变现	债券投资是有一定期限的，期满后收回本金

股票、债券、基金都是有价证券，投资者对它们的投资均为证券投资。基金份额的划分类似于股票，股票是按“股”划分，计算其总资产，基金资产则划分为若干个“基金份额”或“单位”，投资者按持有基金份额或单位分享基金的增值收益。股票、债券是基金的主要投资对象，以股票为投资对象的属于股票型基金，以债券为投资对象的属于债券型基金。

基金与银行存款的区别

基金与银行存款的区别如表 1-3 所示。

表 1-3 基金与银行存款的区别

区别	基金	银行存款
性质不同	基金是一种受益凭证，基金财产独立于基金管理人。基金管理人只是代替投资者管理资金，并不承担投资损失风险	银行存款表现为银行的负债，是一种信用凭证，银行对付款者负有法定的保本付息责任
风险与收益特性不同	基金收益具有一定的波动性，投资风险相对较大	银行存款利率相对固定，投资者损失本金的可能性很小，投资比较安全
信息披露要求不同	基金管理人必须定期向投资者公布基金的投资运作情况	银行吸收存款后，不需要向存款人披露资金的运用情况

各类理财产品的收益与风险对比

各种理财产品的收益与风险对比如表 1-4 所示。

表 1-4 各种理财产品的收益与风险对比

理财产品	特色	风险报酬比	投资目的	投资成本
基金	适合老百姓的投资品种，种类多种多样，可以为投资者提供更多的选择	中	没有专业分析行情的能力与精力，但又希望追求市场增值带来回报	交易费、托管费、其他费用，成本较高
股票	流动性强，但风险大，收益也不稳定，与宏观经济及个别公司效益有关，可抵御通货膨胀	高	追求市场报酬的最大增值	买卖时要交一定的手续费和印花税，成本比较高

（续表）

理财产品	特色	风险报酬比	投资目的	投资成本
债券	安全性好，收益率低，流动性强，随时可以买卖	较低	盈利稳定，但收益不高	获利税费及交易手续费
储蓄	流动性好，变现性强，但获利低，受通货膨胀影响较大	低	通货膨胀低，则利率就低；通货膨胀高，则利率就高	缴纳利息税
外汇	保证金交易，周一至周五 24 小时随时交易，风险巨大	很高	利用汇率点位的波动盈利	收取交易点差，成本较高
期货	利用财务杠杆和保证金制度，实现以小博大	很高	可以在短时间内获得高额利润，适合短线交易	交易手续费，费用较低

第三节　基金投资过程

投资者在购买基金前要具备基本的基金投资知识。如果能树立正确的投资理念、制定稳妥的投资目标、恪守严格的基金投资原则，那么，投资者就可以在不具备专业投资技能的情况下实现获利，可以在不花费太多精力和时间的前提下实现资产的增值，达到轻松理财和快乐理财的目的。

熟悉基金投资的流程

投资基金主要遵循以下程序和步骤。

一、阅读有关法律文件

投资者在购买基金前，需要认真阅读有关基金的招募说明书、基金契约、开启程序、交易规则等文件，仔细了解有关基金的投资方向、投资策略、投资目标、基金管理人业绩、开户条件、具体交易规则等重要信息，对准备购买的基金的风险和收益水平有一个总体评估，并据此做出投资决定。

二、开立基金账户

投资者买卖开放式基金首先要开立基金账户。按照规定，有关销售文件中对基金账户的开立条件、具体程序须予以明确。

三、购买基金

投资者在开放式基金募集期间、基金尚未成立时购买基金单位的过程称为认购。通常认购价为基金单位面值加上一定的销售费用。投资者认购基金应在基金销售点填写认购申请书，交付认购款项，在注册登记机构办理有关手续并确认认购。

在基金成立之后，投资者通过销售机构向基金管理公司申请购买基金单位的过程称为申购。投资人申购基金时通常应填写申购申请书，交付申购款项。款额一经交付，申购申请即为有效。具体申购程序会在有关基金销售文件中详细说明。申购基金单位的数量是以申购日的基金单位资产净值为基础计算的。

四、卖出基金

投资者卖出基金是把手中持有的基金单位按一定价格卖给基金管理人并收回现金，这一过程称为赎回。赎回金额是以当日的单位基金资产净值为基础计算的。

投资者赎回基金通常应在基金销售点填写赎回申请书。按照有关规定，基金管理人应当于收到基金投资者赎回申请之日起三个工作日内，对该交易的有效性进行确认，并应当自接受基金投资者有效赎回申请之日起七个工作日内，支付赎回款项。

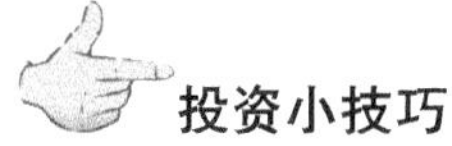

投资小技巧

对于开放式基金来说，投资人除了可以买卖基金单位外，还可以申请基金转换、非交易过户、红利再投资。

基金转换是指当一家基金管理公司同时管理多只开放式基金时，基金投资人可以将持有的一只基金转换为另一只基金，即投资者卖出一只基金的同时，买入该基金管理公司管理的另一只基金。基金转换费用通常非常低，甚至不收。

基金的非交易过户是指在继承、赠与、破产支付等非交易原因情况下发生的基金单位所有权转移的行为。非交易过户也须到基金的销售机构办理。

红利再投资是指基金在进行现金分红时，基金持有人将分红所得的现金直接用于购买该基金，将分红转为持有基金单位。对基金管理人来说，红利再投资没有发生现金流出，因此，红利再投资通常是不收申购费用的。

购买基金需要办理的手续

购买开放式基金必须先办理开户手续。开户后，投资者只要按照销售机构规定的方式准备好购买基金的资金，填写并提交“申购申请表”，就可以买入开放式基金了。同样，投资者只要到销售网点填写并提交“赎回申请表”，便能卖出基金。通常，在提出买入或卖出申请的两天后，投资者就可以到销售网点打印确认文本框。

封闭式基金像股票一样在证券交易市场挂牌交易，因此，买卖封闭式基金的第一步是到证券营业部开户，其中包括基金账户和资金账户（也就是所谓的保证金账户）。在开始买卖封闭式基金前，投资者必须在已选定的与证券商联网的银行卡（折）内存入现金，然后将卡内的资金转入资金账户。此后，投资者就可以通过证券营业部的自助委托、电话委托、网上交易等方式买卖基金。如果投资者已有股票账户，就不需要另外再开立基金账户，原有的股票账户可以用于封闭式基金的买卖，但基金账户不可以用来买卖股票，只能用来买卖基金和国债。

开设基金账户

在购买开放式基金之前，投资者首先要选择适合自己的交易渠道。选择好交易渠道后，投资者就可以前往相应网点办理开户手续，然后就可以进行买卖基金、申请基金转换、非交易过户、红利再投资等操作。

一、开设基金账户的步骤

基金分为开放式基金和封闭式基金两种。开放式基金可以直接在基金公司网站（需开通网银）或通过各个银行购买，封闭式基金必须开通股票账户，像买卖股票一样购买。基金的起始投资资金是 1 000 元，基金定投是 200 元起。

基金账户是指注册登记机构为投资者建立的用于管理和记录投资者基金种类、数量变化等情况的账户，不论投资者通过哪个渠道办理，均记录在该账户下。

投资者在基金公司开立基金账户，首先要带上身份证到基金公司指定的银行办理银行卡，同时开通网上银行服务，然后到基金公司的网站上开通基金账户，这样就可以进行买卖操作了。

在银行或证券公司开立账户，选择银行网点或证券公司等代销网点交易的投资者，需要前往相应网点开通证券交易功能。在开户时，投资者要设立三个账户，分别是基金资金账户、注册登记机构账户（也就是基金账户）和基金交易账户。

如果投资者通过代理机构（如银行、证券公司）办理，只需开设（银行、证券公司）基金交易专用账户就可以了。在投资者购买基金时，银行或证券公司会自动向基金公司申请客户在该基金公司的账户。

投资小技巧

交易账户是指基金销售机构（包括直销和代销机构）为投资者开立的用于管理和记录投资者在该销售机构交易的基金种类和数量变化情况的账户。投资者使用同一开户证件只能开立一个基金账户，但在这一基金账户下可以在不同的销售机构开立相对应的交易账户。

二、基金账户资料的变更

投资者的联系地址、邮政编码及联系电话等信息发生变化的，一般可以通过以下四种途径修改：

第一，携带相关证件前往代销机构网点办理变更手续；

第二，致电基金公司客服中心转人工服务进行修改；

第三，登录基金公司网站的客户系统修改账户资料；

第四，将季度交易对账单上“修改账户资料”的回执邮寄至基金公司总部客户服务中心即可。

投资小技巧

对于投资者的名称、证件种类、证件号码、银行账户信息等客户重要资料办理变更时，投资者必须到其交易账户所在的销售网点柜台亲自办理，并须提供足够的公安机关或注册登记机关等相关机构的变更证明材料。投资者在提交账户资料变更申请当天可以办理基金交易。

三、基金账户销户

销户是指投资者办理基金账户销户业务。取消基金账户登记是指投资者在某个代销网点取消账户登记的业务。如果投资者要取消某个网点的登记业务，可以到该网点办理。取消账户登记后不会影响投资者在其他网点的账户和份额。

投资者申请注销基金账户，必须提供注册登记中心要求提供的相关资料。投资者需提供的材料主要有以下四种。

1. 填妥并盖有预留印鉴的业务申请表；
2. 本人的有效身份证原件和复印件；
3. 代办人有效身份证件原件、复印件及本人的授权委托书（如非本人亲自办理）；
4. 基金账户卡或交易账号卡原件。

投资小技巧

投资者只能在原开户销售机构提交基金账户销户申请。销售机构T日受理投资者基金账户的销户申请，注册登记人T+1日完成该申请的确认，投资者可于T+2日在销售机构查询基金账户销户操作是否成功。

了解不同的基金购买渠道

基金购买渠道有很多，不同的渠道，其便利性、费用、提供的服务都有较大差别。基金销售形式的多样化，给投资者带来了更多的选择，同样也因其形式的不同给投资者的选择带来困难。当前主流的三种购买渠道是基金公司直销、银行代销和证券公司代销。

一、基金公司直销

基金公司直销有两种方式：柜台直销和网上直销。其中，网上直销是新兴的一个交易渠道，大部分基金公司均已开设网上直销服务。

选择基金公司直销的方式，投资者需要事先了解基金公司的政策，包括要求的银行卡和提供的费率折让等。

对于有较强专业能力（能对基金产品进行分析、能上网办理业务）的投资者来说，基金公司直销是比较好的选择。只要自己精力足够，投资者便可以通过产品分析比较以及网上交易，实现自己对基金的投资管理。

二、银行代销

银行是最传统的代销渠道，通常基金公司会将该只基金的托管行作为主代销行。通过银行买基金很简单，只需持有银行的活期存折，带上身份证，开立相应基金公司的基金账户即可。为了便于后续操作，投资者在开户的同时，可以开通网上银行和电话银行业务，以后的操作就不必每次都去柜台办理了。

中老年基金投资者适合选择银行代销。因为银行网点众多，比较便利。

三、证券公司代销

证券公司也是一个传统的基金代销渠道。对于拥有股票账户的投资者来说，通过证券公司可以在二级市场上买卖 LOF 基金。另外，通过证券公司购买基金还可以获得一定的费率优惠。只要拥有沪深两市的股票交易账户，投资者即可通过证券公司直接开立基金公司的基金账户并买卖基金。

以上三种基金购买渠道的优缺点对比如表 1-5 所示。

表 1-5　三种基金购买渠道的优缺点对比

渠道	优点	缺点
基金公司直销	可以通过网上交易实现开户、认（申）购、赎回等手续的办理，并且享受交易手续费优惠，不受时间和地点的限制	当投资者需要购买多家基金公司的产品时，需要在多家基金公司办理相关手续，投资管理比较复杂。另外，这需要投资者有相应设备和上网条件，具有较强的网络知识和运用能力

（续表）

渠道	优点	缺点
银行代销	银行网点众多，投资者存取款方便	通过银行购买基金一般不能享受申购优惠，并且单个银行代理销售的基金品种非常有限，办理基金转换业务手续时可能要往返多个网点，相当麻烦
证券公司代销	代销的基金品种比较齐全，并且支持网上交易。证券公司的客户经理可能主动做出产品介绍，投资者能够享受到及时、到位的投资咨询服务。在证券公司购买基金，资金存取通过银证转账进行，可以将证券、基金等多种产品集合在一个交易账户管理，大大方便了投资者的操作	证券公司的网点较银行网点少，首次办理业务需要到证券公司网点办理，并且要在证券公司开立资金账户才能进行购买。在证券公司购买基金一般不如到基金公司直接购买费用低廉，因为基金公司要付给券商一些佣金费用

工薪阶层或年轻白领来讲适合通过证券公司网点实现一站式管理，通过一个账户实现对多重投资产品的管理，利用网上交易或电话委托进行操作，辅助以证券公司的专业化建议来提高基金投资收益水平。

投资小技巧

基金的交易原则上是在哪里购买就在哪里赎回，而且日后如需要进行基金转换等操作也需要通过当时的交易渠道办理。所以，投资者在选择基金购买渠道时要充分考虑自身情况，以方便日后操作。

基金怎么买最省钱

购买基金有多种渠道可以选择，不同渠道收取的手续费和优惠活动都不尽相同。同样，不同的基金类别在相同购买渠道也存在手续费的差异。

一、选对交易平台

一般情况下，第三方基金销售机构会有费率优惠，如申购费享受4折优惠，这大大节约了投资者的购买成本。每家基金公司的优惠力度不一样，具体情况还需要投资者自己计算。

投资小技巧

如果购买股票型基金，投资者最好到基金公司官网直接购买，这种情况下基金申购和赎回的费用最低，相当于基金公司“直销”，省去了中间环节的费用。

二、多开通几张银行卡的网银功能

不同时期，基金公司的营销重点不一样，这样就会出现某段时间内使用某银行卡支付申购费有 4 折优惠甚至免费的情况，而同时期，其他银行卡的申购费率折扣还是 7 ~ 8 折。

三、基金转换

基金转换是指投资者在持有一家基金公司发行的任一开放式基金后，可将其持有的基金份额直接转换成该公司管理的其他开放式基金的基金份额，而不需要先赎回已持有的基金单位，再申购目标基金的一种业务模式。

转换费 = 转出基金赎回费 + 转入转出基金申购费率补差费

投资者可以先买基金公司旗下的一只货币型基金，成功后，再通过基金转换将货币型基金转换成股票型基金或者债券型基金，基金转换时基金公司不再收取申购费。但需提醒大家，基金转换仅限于同一家基金公司旗下的直销基金。

四、后端收费

不少基金在购买时都可以选择两种收费方式：前端收费和后端收费。前端收费是购买时就支付申购费，而后端收费是卖出时才付申购费。据了解，有些基金的赎回费用随着持有年限而递减。投资者如果看好某只基金，又有长期持有的打算，不妨选择后端收费的模式。后端收费的设计目的是为了鼓励投资者能够长期持有基金，因此，后端收费的费率一般会随着持有基金时间的增长而递减。持有年限越长，申购费率越低，直至免除全部申购费用。

五、红利再投资

通常，投资者在购买基金时要选择分红方式，那么，应该选择现金分红还是红利再投资呢？如果打算长期持有，投资者可以选择红利再投资，这样分得的红利会直接转换成基金的份额，而且这部分份额不用交纳申购费；而选择现金分红的好处是基金赎回费用按份额收取，现金分红不计入赎回费里。如果打算短期持有某只基金，投资者就要观察基金的分红节奏，不同基金公司的同类基金产品，其分红周期通常都很相似。

基金的认购和申购

基金购买分认购期和申购期。基金首次发售基金份额称为基金募集，在基金募集期内购买基金份额的行为称为基金的认购，一般认购期最长为一个月。投资者在募集期结束后，申请购买基金份额的行为通常叫做基金的申购。在基金募集期内认购，一般会享受一定的费率优惠。例如，购买100万元以下某股票型基金，认购费率为1.0%，而申购费率为1.5%。但认购期购买的基金一般要经过封闭期才能赎回，这个时间是基金经理用来建仓的，不能买卖，而申购的基金在第二个工作日就可以赎回。

在认购期内产生的利息以注册登记中心的记录为准，基金成立后自动转换为投资者的基金份额，即利息收入增加了投资者的认购份额。

选择认购方式时，投资者必须对所认购的基金进行深入了解，包括基金的预期投资构成、基金公司的信誉、基金经理的资历等。如果你认为这只基金是有潜力的“白马”，这时可以大胆采用认购方式。采用认购方式，万一对基金把握不准，很可能会踩着“地雷”，给自己的投资造成较大损失；而采用申购方式，可以静观这只基金走出封闭期后的表现。虽然申购手续费贵一些，但毕竟能尽量避免和化解投资风险。特别是对于货币型基金来说，由于进入开放期之后，基金每天会公布7日年化收益情况，各基金的收益差距较大，在这种情况下，综合衡量、优中选优的申购会更有利于提高投资收益。

在购买过程中，无论是认购还是申购，在交易时间内投资者都可以多次提交认购或申购申请，注册登记人对投资者的认购或申购费用按单个交易账户单笔分别计算。

不过，一般来说，投资者在份额发售期内已经正式受理的认购申请不得撤销。对于在当日基金业务办理时间内提交的申购申请，投资者可以在当日15：00前提交撤销申请，予以撤销，15：00后则无法撤销申请。

基金申购采用“金额申购”方式和“未知价”原则。对于T日有效申请的交易，申购价格以T日的基金份额净值为基准进行计算。T日的基金份额净值在T日收市后计算，不迟于T+1日公告。

基金赎回

基金赎回也称为买回，是指投资者向基金公司提出部分或者全部退出基金投资的一种方式。封闭式基金的赎回方法同一般股票。开放式基金的赎回是将你手上持有基金的全部或一部，申请卖给基金公司，赎回价金。赎回所得金额，是卖出基金的单位数乘以卖出当日净值。

一、赎回时间

基金赎回自基金合同生效后不超过三个月的时间内开始办理，基金管理人应在开始办理赎回的具体日期前两日在至少一家指定媒体及基金管理人网站进行公告。

基金赎回一般需要两个工作日确认，之后再清算。基金赎回需要经过 T+2 日系统确认之后才算是赎回成功。

一般的开放式基金的赎回流程为：T 日未报，T+1 已报，T+2 已成。

报单当日（T 日）显示未报是正常的，即使是在 14：50 左右下单，只要委托查询里面查询到有记录，一般来说会在第二个交易日（T+1 日）变为已报，第三个交易日（T+2 日）变为已成，之后再清算。

二、数额限制

1. 某笔赎回导致基金份额持有人持有的基金份额余额不足 1 000 份时，余额部分基金份额必须一同全部赎回。

2. 基金管理人可根据市场情况，在法规允许的情况下，调整对申购金额和赎回份额的数量限制，基金管理人必须在调整生效前依照信息披露办法的有关规定至少在一家指定媒体及基金管理人网站公告并报中国证监会备案。

三、巨额赎回

基金单个开放日，基金赎回申请超过上一日基金总份额的 10% 时，为巨额赎回。巨额赎回申请发生时，基金管理人可选择表 1-6 所示的两种方式进行处理。

表 1-6　发生巨额赎回时的处理方式

赎回方式	分析
全额赎回	当基金管理人认为有能力兑付投资者的赎回申请时，按正常赎回程序执行
部分赎回	基金管理人将以不低于单位总份额 10% 的份额按比例分配投资者的申请赎回数；未能赎回的部分，投资者在提交赎回申请时应做出延期赎回或取消赎回的明示、注册登记中心默认的方式为投资者取消赎回。选择延期赎回的，将自动转入下一个开放日继续赎回，直到全部赎回为止；选择取消赎回的，当日未获赎回的部分申请将被撤销。延期的赎回申请与下一个开放日赎回申请一并处理，无优先权并以该开放日的基金单位净值为基础计算赎回金额

四、赎回费用

基金的赎回费用在投资者赎回基金份额时收取，扣除用于市场推广、注册登记费和其他手续费后的余额归为基金财产。基金赎回费的 25% 归入基金财产所有。基金的赎回费率不高于 0.5%，随持有期限的增加而递减，具体如表 1-7 所示。

表 1-7　赎回费用

持有期	赎回费率
1 年以内	0.5%
1 年以上（含）至 2 年	0.25%
2 年以上（含）	0
注：就赎回费而言，1 年指 365 天，2 年指 730 天	

树立正确的投资理念

在投资基金之前，树立正确的基金投资心态是很重要的。所谓的良好心态，就是要把基金投资当作一个个人理财的通道，而不要把它当成一夜暴富的工具。事实上，即使是长期投资，也不一定就会取得好的收益，这取决于投资者介入的时机和持有时间的长短。对投资者而言，究竟要树立什么样的投资理念才能最大限度地规避风险呢?

首先，投资者应充分认识到“只要投资就会有风险”这个事实，在投资之前对投资的基金产品的特点、种类、基金公司等有充分的了解，不要盲目预期过高。

其次，投资者要了解自己，对自己的风险承受能力要有清晰的认识。对普通投资者而言，原则之一就是“用闲钱去投资”，也就是说这部分资金即使出现了风险，也不会影响正常的生活。

对于那些用银行抵押贷款去买基金的投资者来说，一旦市场出现短期波动，就可能面临巨大资金压力，致使其资产遭受损失。除此之外，投资者也要考虑自己的年龄，对于年龄大的人来说，未来获取现金流的能力较弱，如果因为投资而使资产受到较大损失的话，造成的风险可能是其难以承受的。

最后，投资者应挑战与自己风险偏好相适应的基金产品，并对资产做一个合理的配置，永远不要把全部资产都投资在风险最高的产品上面，而应根据自己的实际情况和资金的用途合理进行分配。在投资基金的时候，投资者一开始可以多选择一些风格相对稳健的基金品种，然后再根据自己的实际情况逐步调整。

投资小技巧

“买自己看得懂的，赚自己赚得到的。”其实，投资不需要极高的智商，更不需要太高深的理论，在股市中往往简单的道理最管用。投资做得好的人心态一定要好、性格要稳，急躁、心理脆弱、情绪波动大的人不适合从事证券投资；另外，从事投资的人要专注，必须擅长总结、勤于思考，从以往的经历中不断摸索，吸取经验与教训。

基金投资实例：小侯的基金投资生活

股市火爆，为了不错失机会，在某私企工作的小侯决定加入理财大军一族。由于股市交易时间与上班时间重叠，上班时间不能看盘，以及其他种种因素的限制，小侯只能做长线，用手机挂单，因此错过了不少行情。

正当小侯为此心急气躁、束手无策时，他发现了基金公司有网上交易的功能，小侯的"投资"生活豁然开朗，他决定不买股票买基金。买卖基金不用像股票一样自己天天看大盘走势，所以比较适合上班一族，并且，买基金也不用请假跑柜台排队、填单据、登录、申购、划款，这些流程在网上五分钟就能完成。

就算不提网上交易的省时省力、轻松便捷，单是"申购费率4折起"就让人感到实实在在的实惠。一般柜台申购的申购费率是1.5%，可网上交易大部分都是4折起，申购费率是0.6%，这样算起来，申购1万元的基金能节省90元。10万元就足足能节省900元。在波动行情下，网上交易方便快捷的基金转换和撤单业务更是适度地规避了风险。

小侯说："如果仅仅把网上交易当作交易的一种方式，那未免太小瞧它了。网上交易最大的优点是可以及时、全面、快捷地获得大量的信息，你可以查询你想要了解的基金的全部信息，了解它的财务状况和投资组合；你还可以阅读基金公司提供的理财信息，第一时间获得理财技巧和市场信息，在网上测试自己的风险能力，分析自己适合哪类基金，并获得家庭理财健康诊断，认识自己的理财状况；更可以定制你想要的信息服务、在线享受专家们全方位的咨询服务，使用起来简单便捷。"

不少人担心网上基金交易的安全问题，小侯对此却持相反观点，他说："基金公司的网站都经过了安全测试，用来划款的银行网银更是有一系列加密措施，即便有人登录我的账户把基金恶意赎回，赎回款还是回到我的账上。只要保护好个人信息以及各种密码，注意不在网吧等公共场所做交易，平时不去危险站点，不随便点击应用程序，一般是不会出问题的。"

另外，小侯建议投资者在开通网银的同时开通短信服务，虽然现在银行短信都要收费，但是也还是值得的。短信开通时一定要选择余额变动实时通知，这样可以为你的网上银行又增加一道安全措施。

小侯的网上"投基"生活就这样开始了，为此他还编了首打油诗："网上交易好处多，基金买卖随时做，省时省力更省钱，轻松理财我最爱!"

基金投资实例：买基金省钱诀窍多

案例一

范女士从2013年开始购买基金。当时她有20万元积蓄想要投资，可正赶上股市不景气，于是就购买了一只债券型基金A。2014年7月以来，股指节节攀高，范女士对股市中长期的走势非常看好，几番权衡后，2015年4月5日，范女士决定赎回这只债券型基金（当日净值1.177 0元），然后购买同一家公司的股票型基金B。

然而，令范女士没有想到的是，这次小调整却吞噬了自己相当一部分的收益。先赎回债券型基金A，再申购股票型基金B，范女士总共支付了4 110.68元的费用。其中，A基金的赎回费为200 000×1.177 0×0.25%＝588.5（元）；B基金的申购费为（200 000×1.177 0－588.5）×1.5%＝3 522.18（元）。

后来，范女士和朋友聊起来才知道，原来她可直接利用基金公司的基金转换业务，将A基金转换成B基金，而根据该公司的规定，一年内的前两次基金转换是免费的。

真是不算不知道。通过基金转换，范女士不仅可以达到同样的理财目标，而且能节省4 110.68元的交易费用。此外，从第三次转换开始收费后，每次转换需交纳的转换费率也只有0.25%，即只需交纳A基金的赎回费588.5而已。

案例二

丁女士于2013年10月15日申购了股票型基金A，当日A基金的份额净值是1.003 7元。2014年10月12日，A基金的净值上涨到1.062 8元之后，丁女士将A基金转换成同一基金公司旗下的货币型基金B。

此次转换，因为B基金是货币型基金，没有申购费，交易成本只有A基金的赎回费0.5%。这样，加上每份0.12元的分红，扣除交易成本之后，丁女士的净收益约为17%。计算公式为：（1.062 8＋0.12－1.003 7）÷1.003 7－0.5%＝17.34%。

之后不久，A基金很快进入盘整期，基金净值开始徘徊于1元以下。截至2014年11月12日，基金净值下跌了5.74%，而早已将A基金转换为B基金的丁女士，不仅规避了这一损失，而且还从货币型基金B中获得了0.48%的收益。

2014年11月18日，A基金净值重回1元，丁女士又将货币型基金B转换为股票型基金A，成交净值为1.006 8元。由于B基金没有赎回费，A基金的申购费率又与转换前曾交纳的最高申购费率一样为1.5%，不用补差额，因此此次转换没有交易成本。

此后，到2015年3月1日，丁女士赎回A基金后的收益约为17.76%，加上之前的17.34%和货币型基金的收益0.48%，总收益接近35.58%；而如果不转换，收益大概为31.79%。丁女士在正确判断市场大势的基础上，通过在低风险的货币型基金和高风险的股票型基金之间进行转换，将投资的收益率提高了大约3.79%，20万元本金相当于增加了7 580元的收益。

王亚伟操盘实录：抓大势巧持东方金钰

人物介绍

王亚伟，千合资本董事长，清华大学学士，财政部财政科学研究所经济学硕士，被众多基金投资者视为“公募基金第一人”，以事件驱动型投资策略（投资有重组预期的股票）著称，曾为华夏基金管理公司副总经理、副总裁、投资决策委员会主席、华夏大盘精选基金（以下简称“华夏大盘”）和华夏策略混合（以下简称“华夏策略”）基金经理。由于其管理的华夏大盘业绩长期在公募基金业内排名第一而被冠以“公募一哥”“股神”等称号。

2007 年，华夏大盘气势如虹，更以 226% 的净值增长率高居国内各类型基金之首，比第二名高出 35 个百分点，其净值增长率是同期上证综指涨幅的 2.33 倍。一时间，华夏大盘成为万众瞩目的牛基，王亚伟则获得“中国最赚钱的基金经理”的殊荣，一举将基金金牛奖、明星奖、最佳表现奖、最高回报奖、最受欢迎奖尽数收入囊中。

真正确立王亚伟江湖地位的，则是 2008 年的大熊市。“熊市跌得比别人少，牛市涨得比别人快”，这一辉煌业绩，让许多基金经理和投资者对王亚伟的崇拜之情油然而生。2008 年，华夏大盘在股市暴跌中成为基金抗跌亚军。

2012 年 5 月 7 日，华夏基金管理有限公司发布公告称，王亚伟因个人原因于 2012 年 5 月 4 日离职，不过他将继续受聘担任公司顾问。

2012 年 9 月，王亚伟复出，在前海成立了深圳千合资本管理有限公司，正式转做私募。千合资本的经营范围为受托资产管理、股权投资、投资管理、投资咨询、企业管理、企业管理咨询、企业营销策划等，注册资本金为 1 000 万元人民币，法人代表为王亚伟，个人出资比例 100%。千合资本目标客户锁定为高净值人群，客户资金门槛为 2 000 万元人民币起，也有说法是 500 万美元起。此外，客户投资其私募的资金量不得超过个人资产的一定比例（或为 5%）即要求目标客户至少身家数亿。

2012 年 12 月 27 日，王亚伟首只私募产品昀沣正式成立后火速进入产品建仓期，昀沣认购门槛高达 2 000 万元，固定管理费率创造了 2.5% 的历史纪录，但昀沣仍轻松募资 20 亿，超越此前所有阳光私募产品首发数据，足见王亚伟的号召力。

操盘分析

东方金钰作为中国第一家上市的翡翠公司，也是翡翠行业唯一的上市公司，在成为奥运黄金摆件类福娃的生产商后，东方金钰又被指定为亚运会和大运会特许生产销售商，成为市场众所周知的亚运概念股，而东方金钰也在 2010 年三季度悄然跻身华夏策略和华夏大盘的前十大重仓股，此前仅仅只有广发中证 500 指数型基金一家进入其前十大流通股东。

但是，亚运会带来的短期利好仅仅是冰山一角，翡翠价格的稳步上涨成为了王亚伟挥师东方金钰的真正原因。

根据中国珠宝玉石首饰行业协会的资料，2000 年到 2009 年，翡翠平均每年的涨价幅度为 18%，而 2010 年才过了多一半，翡翠价格已经涨了 30%，远远超过往年的涨幅。从中长期来看，翡翠价格上涨主要是因为需求的上升和缅甸翡翠产量的下降。

公开资料显示，截至 2010 年三季度末，华夏大盘持有东方金钰 1 222.5 万股，华夏策略也持有 1 000.3 万股，总计为 2 222.8 万股。来自上海证券交易所（以下简称“上交所”）的数据显示，在 2010 年 8 月 30 日至 9 月 1 日，东方金钰的龙虎榜中有五家机构席位现身，且全部为净买入，累计买入的金额高达 2.48 亿元，根据东方金钰在此期间的均价 11.74 元/股来计算，五家机构总计买入 2 116 万股左右，与华夏两只基金的持股数量相差无几。

如果王亚伟真是选择在此期间介入东方金钰，那么截至 2010 年年末，华夏大盘和华夏策略的账面浮盈至少已超过 2 亿元。

优胜劣汰
——选择基金的技巧

基金投资是一个长期且持续的投资过程，投资者应根据自身情况来选择基金投资，并且，投资者还应掌握一定的基金投资知识，深入了解基金公司的情况，更加理性地去投资基金。仅仅把注意力集中在基金以往业绩的好坏是不够的，投资者还应该对基金风险收益情况有所了解。面对市场和规模潜在的波动可能，提前设想好应对方案也是必要的。

第一节　基金业绩评价

基金的投资收益与股票的投资收益一样，具有波动性和风险性。因此，投资者在进行基金业绩评价时，不仅要考虑基金的单位净资产净值和投资收益率，还应根据每只基金的投资风险水平对上述指标进行必要的调整。目前，国内一些专业报刊和基金网站往往会定期公布一些常见的经过风险调整的基金业绩评价指标，投资者可以根据这些指标对基金业绩进行综合评价。

基金业绩评价的法则

普通投资者因为不具备择时的能力，所以投资基金原则上应该立足于长线，目标是要在“长跑”中取胜，采取买入并持有的策略。当然，投资者也应该“有所为，有所不为”。

一、了解基金公司

投资者在购买基金前应该保持清醒的头脑，对准备购买的基金以及管理该基金的基金公司进行谨慎和全面的了解，切忌盲目冲动或者一窝蜂似地抢购基金。在选择基金品种时，投资者首先需要了解的是管理这只基金的基金公司，查看它的股东结构和历史业绩，是否在一定时间内为投资者实现过持续性回报，其服务和创新能力如何等。这些信息从公开资料中都很容易找到。

投资者应该选择规模大、信誉好、尊重投资者的基金公司，要摒弃贪图便宜、“买跌不买涨”的心理，选择那些过往业绩好（要看长期，排名持续在业内前1/3的水平）的基金，长期持有。

二、了解基金经理

有人说“买基金其实就是买基金经理”，这话是很有道理的。基金经理的水平如何，操守如何，应该成为你是否购买某只基金的重要参考指标。基金业绩主要依赖于基金公司的投资团队能力，稳定的投资团队是投资者选择基金的重要考量。如果一家基金公司的人才经常流动，基金经理频繁跳槽，这可能意味着团队内部管理和治理结构不完善，会给今后业绩的持续增长带来不确定性。

三、了解基金产品的具体情况

国内现有的基金品种，其收益由低至高排列为：保本型基金、货币型基金、纯债型基金、偏债型基金、平衡型基金、指数型基金、价值成长型基金、偏股型基金、股票型基金。反过来，就是其风险由高至低排列为：股票型基金、偏股型基金、价值成长型基金、指数型基金、平衡型基金、偏债型基金、纯债型基金、货币型基金、保本型基金。投资者可以从中进行选择。

如果难以确定自己的风险承受能力，那么投资者可以尝试做投资组合，将风险高、中、低的基金品种进行搭配，这也是专家所推荐的方法。投资组合建立好以后，并非就万事大吉了，投资者还要不断地进行检查，从中剔除业绩不佳的“渣滓”，不断优化投资组合。

评判基金业绩的标准

准确评价基金的业绩也是做好基金投资的准备工作之一。投资基金需要先挑选基金，而挑选基金就是要选择业绩表现好的基金，没有人投资基金是想做赔本的买卖。评价基金的业绩也需要一定的方法和标准，通常投资者可以参照以下四个指标来评判基金的业绩表现。

一、净资产总值

基金总资产是依照基金投资组合中的现金、股票、债券及其他有价证券的实际总价值来计算的，一般以证券交易所公布的当天收盘价为计算标准，所以是每日变动的。如果某只基金的净资产总值处于增长状态，那么就说明这只基金的表现较好，可以投资；相反，则投资的风险会很大。净资产总值的计算公式为：

净资产总值＝总资产－总负债

净资产总值是以基金总资产价值扣除总负债后得到的，并且在遇到基金发放利息和股利时，总资产价值还必须扣除应发放的利息和股利之和。基金的负债主要指基金从银行间同业拆借市场借入的资金、支付给基金公司的管理费以及托管机构的托管费等必要开支。

基金净资产总值的增长来源于三个方面：投资收益（利息、股利收入和资本增值）、基金吸纳金额的增加和费用的减少。其中，最主要的是投资收益。如果基金经营状况良好，投资收益较高，便会吸引更多的投资者投资该基金，使基金净资产总值的增长高于平均水平。

二、单位净值变化

基金的单位净值即每份基金单位的净资产价值，等于基金的总资产减去总负债后的余额再除以基金发行的单位份额总数。计算公式为：

基金的单位净值＝（总资产－总负债）÷基金单位份额总数

其中，总资产指基金拥有的所有资产，包括股票、债券、银行存款和其他有价证券等；总负债指基金运作及融资时所形成的负债，包括应付给他人的各项费用、应付资金利息等；基金单位份额总数是指当时发行在外的基金单位的总量。

投资小技巧

开放式基金的申购和赎回都以基金单位净值来进行。封闭式基金的交易价格是买卖行为发生时已确知的市场价格；与此不同，开放式基金的基金单位交易价格则取决于申购、赎回行为发生时尚未确定（但当日收市后即可计算并于下一交易日公告）的单位基金资产净值。

三、投资报酬率

投资报酬率是投资者在持有基金的一段时期内，基金净资产价值的增长率。投资报酬率虽然不是评估基金的专用指标，但因其直截了当，成为了人们普遍接受的指标。对于投资者来说，投资报酬率越高越好。因为投资报酬率越高，说明基金的表现越好，投资者所获得的投资收益也就越多。其计算公式为：

投资报酬率 =（期末净资产总值 – 期初净资产总值）÷ 期初净资产总值 ×100%

对于开放式基金的投资者来说，如果其投资基金所得的利息和股息不提出来，而是投入基金进行再投资，则计算投资报酬率时还需加入这两个因素，即：

投资报酬率 =（期末净资产总值 – 期初净资产总值 + 利息 + 股利）÷ 期初净资产总值 ×100%

四、夏普比率

夏普比率又被称为夏普指数，由诺贝尔奖获得者威廉·夏普（William Sharpe）于 1966 年最早提出，目前已成为国际上用以衡量基金绩效表现的最为常用的一个标准化指标。

夏普比率的计算方法非常简单，用基金净值增长率的平均值减去无风险利率再除以基金净值增长率的标准差就可以得到基金的夏普比率，用公式表示为：

夏普比率 = 基金净值增长率平均值 – 无风险利率基金净值增长率的标准差

夏普比率的优点在于可以同时对收益与风险加以综合考虑，因为基金净值的增长是在承受较高风险的情况下取得的，所以仅仅根据净值增长率来评价基金的业绩表现并不全面。如果夏普比率为正值，说明在衡量期内基金的平均净值增长率超过了无风险利率，在以同期银行存款利率作为无风险利率的情况下，说明投资基金比银行存款要好。夏普比率越大，说明基金单位风险所获得的风险回报越高。

投资小技巧

在运用夏普比率衡量基金的绩效时，国际上一般取 36 个月度的净值增长率和三个月期的短期国债利率来计算夏普比率。我国证券投资基金发展历史较短，通常以最近 12 个月（以四周为一个月）的月度净值增长率作为计算夏普比率的基础，而在无风险收益率的选取上，则采用了上交所 28 天国债回购利率。

如何读懂基金排行榜

在利用基金排行榜挑选基金时，投资者应该全面、客观地看待各类基金排名，特别要注意以下五个方面。

一、先考量自身风险承受能力再选基金

投资者在选择基金产品时，最重要的是考虑自己的风险承受能力及投资期限。激进型投资者适合将资金的较高比例用于购买风险较高的股票型基金；稳健型投资者则可以考虑均衡投资于股票型基金、债券型基金及货币型基金；保守型投资者则不适宜买入股票型基金。

二、善用“4433 法则”选基金

投资者在关注基金排名时，可采用“4433 法则”来挑选基金。关注长期指标时，第一个“4”是指选择一年期业绩排名在同类产品前 1/4 的基金；第二个“4”代表选择两年、三年、五年以及今年以来业绩排名在同类产品前 1/4 的基金；关注短期指标时，第一个“3”是指选择近六个月业绩排名在同类产品前 1/3 的基金；第二个“3”代表选择近三个月业绩排名在同类产品前 1/3 的基金。

投资小技巧

一般来说，排名长期靠后的基金往往在判断市场走势与风格、行业配置与精选个股等能力上有所欠缺，或与所属基金公司整体投研实力偏弱有很大关系，这类基金应慎投。

三、关注业绩持续性

投资者在分析基金排名时，需要综合分析基金的短期、中期和长期业绩。这种情况只针对存续期大于三年的基金，投资者应关注其一个月、三个月、一年、两年和三年的各项业绩。通常来说，在三个不同期限业绩均排行靠前的基金，往往后期继续创造优秀业绩的可能性更大。在此需要说明，货币型基金本身属于长期投资型基金，因此需要重点关注的是两年及两年以上的收益率排行。

四、重视指标分析

“风险系数”和“夏普比率”是两项经过风险调整后的收益指标。如果一只基金的风险系数为“低”，夏普比率为“高”，说明这只基金在获得高收益的同时只需承担较低的风险，基金业绩表现更稳定，专业研究机构也往往给这种基金比较好的等级评价。因此，投资者在选择基金时应将基金排名与上述两个指标综合起来进行比较。

同时，投资者还应该将基金业绩与比较基准收益率进行比较，如果一只基金的业绩能够长期超过比较基准收益率，可以将之归为投资管理能力较强的基金。当然，新基金应被排除在外，因为刚刚运作的基金一般均落后于其业绩比较基准。

五、不可盲目依赖排行榜

对于基金排行榜，投资者应该辩证地看待，正所谓“尽信书不如无书”，一味地信服排行指数往往只会让自己缺乏适时应变的判断能力。

首先，每只基金都有自己的风险收益特征，排名靠前的基金所获得的高收益可能对应的是高风险，也就是其回报的不确定性会特别高。对于风险规避型的投资者而言，收益最高的基金未必是最适合他的基金。

其次，当一只基金挤进排行榜前列时，其所投资的股票和债券可能早已涨了一大段，在这个时点进去，自己不但不能享受到这些资产增值的收益，净值损失的可能反而更大。

最后，由于目前国内基金排行榜分类比较粗略，而基金产品发展却相对迅速，导致一些不同类基金被放在同一类内比较，自然缺乏可比性，容易对投资者造成一定的误导。

基金作为一项具有风险的投资产品，投资者在选购的时候更应该“慎之又慎”“货比三家”。基金业绩排行榜只是给投资者提供了一个直观、系统的参照，但投资者须谨记的是，过去并不代表未来。在实际选择的过程中，除了以上几点注意事项之外，投资者还需要留心基金公司本身的运作能力、基金的产品设计、基金经理变动等诸多因素，从而挑选出最值得托付的好基金。

第二节　选择基金公司的技巧

在挑选基金的四部曲——选公司、选团队、选产品、选时机中，对基金公司的选择排在首位。从长远来说，好的基金公司是产生优秀基金最重要的平台。

基金公司如何选择

投资者关注的一般是某只或某几只基金，基金背后的基金公司则起着组织和管理基金的作用，有了好的公司、好的平台，才能吸引和留住优秀的投资团队，这也是稳健提升基金业绩最基本的因素。

基金公司是基金产品的募集者和管理者，其最主要的职责就是按照基金合同的约定，负责基金资产的投资运作，在风险控制的基础上为基金投资者争取最大的投资收益。挑选基金公司的原则是看它是否具有成熟的投资理念、专业化的研究方法、良好的治理结构、严格的内部风险控制制度以及外部监管和信息披露制度，而非盲目或片面地只看前期收益率排名和基金规模大小。选择基金公司的要求具体来说有如下四个方面。

一、获利能力

对于长期投资来说，获利能力是由两方面构成的：赚钱的时候尽可能多赚，赔钱的时候尽可能少赔。对应到基金公司就是其投资管理能力和风险控制能力。从国内来看，不同基金公司的同类基金运作效率差距较大，而同一公司内部同类基金之间效率趋同。

投资者在挑选基金时应关注基金公司的持仓结构是否较好地把握了政策红利和市场整体趋势，提前布局，很好地体现了基金操作的前瞻性和仓位控制能力。

二、公司管理能力

规范的管理和运作是基金公司必须具备的基本要素，是基金资产安全的基本保证。判断一家基金公司的管理运作是否规范，可以依据以下三个标准，如图 2-1 所示。

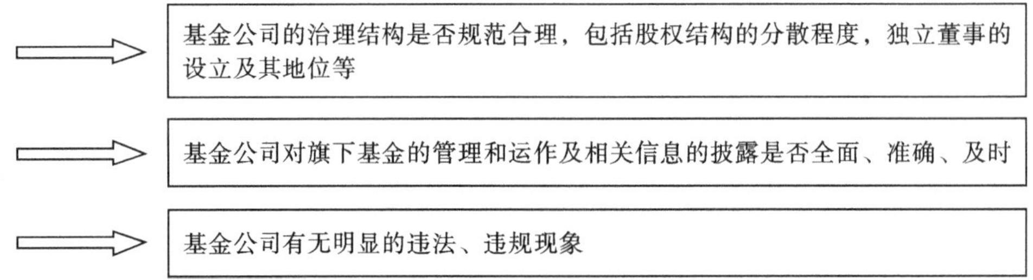

图 2-1 判断基金公司运作能力的标准

三、股东因素

从操作实务的角度来看，股权集中虽然提升了效率，但也存在着某些基金公司员工来源单一、企业文化趋同的负面效应。更有甚者，股权单一、一股独大导致部分大股东将基金公司及其管理的资产视为“私产”，也发生过基金公司为股东利益而出卖持有人利益的情况。可以说，股权集中是一把双刃剑，对不同的公司及其股东来说，这个因素的结局是不一样的，因此，投资者在做基金分析时要区别对待。

四、公司的市场形象

对于封闭式基金而言，基金公司的市场形象主要通过旗下基金的运作和净值表现体现出来。市场形象较好的基金公司，旗下基金在二级市场上更容易受到投资者的认同与青睐；反之，市场形象较差的基金公司，旗下基金往往会遭到投资者的抛弃，缺乏上涨的动力与题材。对于开放式基金而言，基金公司的市场形象主要通过营销网络分布、收费标准、申购与赎回情况、对投资者的宣传等体现出来。投资者在投资开放式基金时，除了考虑基金公司的管理水平外，还要考虑到相关费用、申购与赎回的方便程度以及基金公司的服务质量等诸多因素。

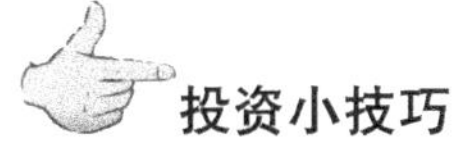

投资小技巧

由于缺乏专业知识，普通投资者往往容易追随大众，“别人都买，我也要买”的这种心理非常普遍，越是限购的基金产品越容易遭遇抢购。而在抢购之前，很多投资者都没有关注购买的是否是自己想要的产品。投资者在购买基金之前，应该保持清醒的头脑，对准备购买的基金以及管理该基金的基金公司进行谨慎和全面的了解，切忌盲目冲动或者一窝蜂似的抢购基金。

看懂基金招募说明书

基金招募说明书是基金发起人按照国家有关法律、法规制定的，在向社会公众公开发售基金时，为基金投资者提供的、对基金情况进行说明的一种法律性文件。基金招募说明书是投资者了解基金最基本也是最重要的文件，是投资前的必读文件。

基金招募说明书是一份相对专业和标准的基金说明书，有着标准的格式，一般分为以下三部分。

第一部分要标明基金名称、基金管理人（即基金公司）的介绍和基金托管银行介绍，以及相关销售机构的联系方式等内容，投资者可以从中了解基金公司的实力和销售服务能力。

第二部分相对重要一些，包括基金名称、基金类型、基金的认购（申购）方式和费率，以及基金的管理、托管费用。这些内容主要关系到投资者的投资成本。但一般而言，这些成本不轻易变动，留给投资者操作的余地不大。

第三部分是最为重要的基金投资方向、投资策略、资产配置和业绩比较标准。

投资者在阅读基金招募说明书时，可以从表 2-1 所示的五个方面进行分析。

表 2-1 基金招募说明书的分析事项

分析事项	具体内容
基金管理人	要仔细阅读说明书中对基金公司和公司高管的情况介绍，以及对拟任基金经理的专业背景和从业经验的介绍。优质、专业的基金公司和投资研究团队是基金得以良好运作的保障
过往业绩	以往业绩可以在一定程度上反映出基金业绩的持续性和稳定性。开放式基金每六个月会更新基金招募说明书，其中投资业绩部分值得投资者好好进行分析比较

（续表）

分析事项	具体内容
风险	这其实是对投资者来说最为关键的一部分。基金招募说明书中会详细说明基金投资的潜在风险，一般会从市场风险、信用风险、流动性风险、管理风险等方面来作说明。只有明了风险，投资才能更加理性
投资策略	投资策略是基金实现投资目标的具体计划，描述基金将如何选择。投资方向，以及在股票、债券和其他金融工具与产品之间如何进行配置。目前，大多数基金均对投资组合中各类资产的配置比例做出了明确限定，这和基金投资风险是直接相关的
费用	基金涉及的费用主要有认购/申购费、赎回费、管理费和托管费等。这些在招募说明书中都会详细列明，投资者可据此比较各只基金的费率水平

投资小技巧

投资者要注意，由于开放式基金的申购是一个持续的过程，其间有关基金的诸多因素均有可能发生变化，为此，基金招募说明书会定期更新，通常自基金合同生效之日起，每六个月更新一次，并于六个月结束之日后的45日内公告，更新内容截至六个月的最后一日。

选择基金经理的方法

对于大多数投资者来说，多数时候基金选择的最终落脚点在于寻找一个安全可靠的基金经理，尤其是对于主动管理型基金而言，基金经理可谓是“灵魂人物”。基金经理的好坏常常在很大程度上直接影响到基金业绩的好坏。

基金经理手握基金的投资大权，决定买什么、卖什么和买卖时间，从而直接影响基金的业绩表现。基金的管理方式有以下三种。

第一种，单个经理型。单个经理型即基金的投资决策由一个基金经理独自决定。当然，基金经理并不是包揽研究、交易和决策的全部工作，他的周围有一组研究员为其提供各种股票和债券的信息。

第二种，管理小组型。管理小组型即两个或以上的基金经理共同选择所投资的证券。在这种方式下，小组各个成员之间的权责难以完全清楚地划分，有时也会由组长来做出最终决定。

第三种，多个经理型。每个经理单独负责管理基金资产中的一部分。

投资者选择基金经理应主要从以下三个方面入手。

一、基金经理的从业、任职年限

一个稳定的管理团队对基金业绩的作用是不言而喻的，尤其是对基金长期业绩的贡献。虽然投资经验不是绝对因素，但是通常来说，经验丰富的基金经理在应对极端情况时会更加沉稳。尤其是经过牛熊周期“洗礼”的基金经理，从长期来看，基金业绩会表现得更加平稳。

二、基金经理的管理能力

机构投资者以及各种投资咨询机构可以通过多种途径了解基金经理的投资管理能力，例如，调查基金经理与研究员的背景，深入了解投研团队的决策模式等。但是，普通投资者在时间、精力和方法方面显得捉襟见肘，获取翔实的资料也不切实际。投资者不能靠简单的历史业绩数据来评价基金经理的投资能力，但可以通过关键的线索挑选坚持自身投资理念的基金经理。

三、基金经理的投资操作风格

不同基金经理的投资操作风格总是千差万别，无所谓好坏，关键在于基金经理能否在“知行合一”的前提下为投资者创造更高的收益。投资者在选择基金经理时，也要根据自己的投资偏好和风险承受能力而定。例如，有些基金经理崇尚深度价值挖掘，并在投资过程中不作择时，这类基金的业绩表现可能会有比较明显的波动。

投资小技巧

对基金投资者来说，阅读基金定期报告从而进一步了解基金经理的方方面面是非常有必要的。仅凭短期的基金运作状况是难以发现基金经理的潜在优势的。正是诸多不利因素，而使投资者在选择基金和评价基金经理时面临一定的困惑。事实上，频繁更替基金经理不可取，进行基金经理的短期排名也不利于对基金经理进行公正、客观的评价。除了阅读基金定期报告，投资者还可以通过媒体报道以及与基金经理日常的交流来对基金经理进行更深一步的了解。

分析基金公司的盈利水平

投资者购买基金，首先应该看的是基金公司的投资业绩，如果投资稳定，盈余较多，说明此公司的投资理念正确。

基金公司要得到投资者的信赖，一定要有成熟的投资理念、专业化的研究方法、良好的治理结构、标准化的产品、严格的内部风险控制制度以及外部监管和信息披露制度。基金公司要与证券公司相互制衡，对上市公司进行合理估值和定价，促进上市公司改善公司治理，推动产业升级，优化产业结构，加快技术、产品和制度创新，提高资本回报率，让广大投资者分享公司成长的红利，实现投资者与资本市场的共赢。同时，基金公司还要按照诚实信用、勤勉尽责的原则，认真履行受托人义务，根据市场投资价值的变化，做好投资者教育，合理决定基金募集的时机和规模。

正如股价在相当程度上反映了上市公司的基本面，历史业绩也是基金基本面最直接的反映。从历史业绩来评价基金，可以追溯的年限越长，评价的相对可靠性就越高（通常有三个以上独立年度的历史业绩是比较好的），但国内基金业历史较短，一个解决办法是以半年为区间对历史业绩进行移动平均，这样可以更好地看出基金业绩表现的趋势。

第三节　基金净值的选择技巧

投资者最关心的应该是投资回报问题，如何衡量投资回报呢？我们通常用投资收益率来衡量。基金收益率在某种程度上是投资者选择投资基金的准绳之一。

利用基金净值选择

一、什么是基金净值

基金净值是指每个基金单位所代表的价值，其计算公式为：

基金净值＝（总资产－总负债）÷基金份额总数

其中，总资产是指基金拥有的所有资产，包括股票、债券、银行存款和其他有价证券等；总负债是指基金运作及融资时所形成的负债，包括应付给他人的各项费用、应付资金利息等；基金份额总数是指当时发行在外的基金单位的总量。

基金资产的估值是计算基金净值的关键。由于基金所拥有的股票、债券等资产的市场价格是变动的，所以必须于每个交易日对基金净值重新计算。开放式基金在每个交易日都会公告单位净值，净值是其计价基础，申购和赎回价格都取决于当日的单位净值。

二、基金净值与股价

基金净值与股价都代表单位份额的价格，计算方法是一样的，即总资产＝份额数×单位净值，但股价受供求关系影响，一只基金的吸引力与它的单位净值没有关系。

由于上市公司总股数是一定的，如果出现大量的买盘，则股价就会上涨；反之，出现大量卖盘时，股价就会下跌。影响投资者买入或卖出股票的因素有很多，如财务报表显示强劲或微弱的盈利。

基金的单位净值不受投资者购买或赎回的直接影响。当有资金注入时，基金总份额增加；当投资者赎回时，基金公司付给投资者现金，不管是动用手头的现金还是卖出股票获得现金，都只会造成基金总份额的减少，并不影响基金的单位净值。基金单位净值的变动主要取决于投资组合的证券价格变动。

虽然我们不能利用基金净值的高低来选择基金，但我们可以把累计净值作为选择基金的一个重要指标。这是因为，累计净值是当前基金净值加上其历史所有分红，所以累计净值越高，表示基金的盈利能力越强，越值得购买。另外，投资者还可以利用基金净值增长率来评估基金在某一时间段内的业绩表现。基金净值增长率指的是基金在某一时间段内资产净值的增长率，其数值越大，表示净利润越高，投资回报就越大。

利用基金年报选择

岁末年初，一般都是基金公司披露基金年报的时间。通过阅读年报，投资者可以分析基金的盈利情况，找到业绩良好并适合自己的基金。有不少基金投资者却很少仔细阅读基金年报，他们往往觉得这些报告读起来非常乏味，抓不住重点。基金的年报是基金过往一年业绩详细信息的报告，展现了基金的投资组合和财务状况，内容较多。投资者应该重点掌握以下四方面的信息，这有助于你轻松阅读年报，理性选择基金。

一、将基金的业绩与其业绩比较基准进行比较

投资者在衡量基金净值增长率的高低时，需要将实际增长率与业绩比较基准进行比较。这个“业绩比较基准”可以在基金的基本资料中查到。每只基金都有自己的“业绩比较基准”，这可以认为是基金公司给自己设定的投资目标。投资者在阅读基金年报时一定不能被基金公司误导，把基金业绩与大盘指数相比较，业绩比较基准才是考查基金真正盈利能力的指标。

根据报告期内基金净值表现和相应的业绩比较基准收益率的比较，投资者可以检验基金经理的实际操作效果，了解业绩波动幅度的大小。关注业绩指标应结合计算期限的长短，如一年、两年、三年的净值增长率。

二、参看主要财务指标

国内基金的年报在主要财务指标项下披露了基金的收益、净收益、资产总值、净值、净值增长率等数据，并与上一期间的数据进行比较。纵向比较财务指标，可以考查基金业绩增长的持续性和稳定性；横向比较财务指标，可以判断该基金的排名情况和比较优势。

基金的高收益率和低标准差代表两个不同的投资方向。追求高收益的基金需要偏重于高收益、高风险的投资品种；追求低标准差的基金则需要寻找收益稳定的品种。在金融投资市场中，很难有基金可以做到两全其美。

三、阅读基金经理对基金运作情况的说明

这部分是基金经理与广大投资者分享其投资理念和投资决策的陈述。优秀基金经理的业绩回顾不仅会详尽介绍行业分布和个股选择的原因，还会解释影响基金业绩的有利条件与不利因素；在业绩不尽如人意时，不会回避错误的投资决策，而是向投资者阐明其中原因，并且说明下阶段要做什么。因此，这部分内容值得投资者花时间仔细阅读，以便及时掌握基金的策略变化。

四、后市行情展望

基金经理在基金年报中会对宏观经济、证券市场和各行业走势做出展望。投资者可以从中看到基金经理对于经济和股市的判断，了解基金经理在未来一年的投资思路。在相同的投资环境下，不同的基金经理会从不同的角度出发，对行情做出判断。虽然他们看问题的方法都有道理，但对后市的判断可能出现分歧。有的基金经理看涨，有的基金经理看跌；有的基金经理看好大盘蓝筹股，有的基金经理看好小盘成长股。投资者可以在众多基金经理中找到适合自己的基金经理，然后把资金交给他，让他帮忙打理。

投资小技巧

有些投资者可能对宏观经济理解得不多，没有自己明确的看法。这样的投资者可以翻阅基金过去几年的报告，看看基金经理在过去几年里有几次推算对了行情，看准了强势板块。用这样的方法，没有什么专业知识的投资者也能轻易判断出基金经理的能力，最后决定把自己的钱交给哪位基金经理。

第四节　基金品种的选择技巧

随着股市持续转暖，越来越多的人开始关注基金。面对目前众多的基金产品，由于其投资范围各不相同，费率水平亦有显著差异，中小投资者对于不同基金的投资显得力不从心，往往因为错误的操作带来不必要的损失。因此，在基金投资中，如何根据基金种类的不同选择合适的买卖技巧，是一门值得投资者掌握和研究的功课。

如何选择适合自己的基金

不同的投资者具有不同的性格特点，处在不同的年龄阶段上，承担着不同的消费需求，从而产生了不同的投资兴趣和偏好。投资者一定要从自己的实际情况出发，选择适合自己的基金产品，具体可遵循以下标准。

一、根据风险和收益来选择

首先，投资者要根据自己的风险承受情况选择基金产品的类型，或者构筑一个投资组合，将低风险和高风险的基金产品进行搭配。就基金类型来说，货币型基金是低风险产品，目前收益在2%以下；股票型基金是高风险产品；介于这两者中间的就是债券型基金等其他基金品种。

其次，投资者要根据自己的风险偏好选择基金。若不愿承担太大的风险，投资者可以考虑低风险的保本型基金、货币型基金；若风险承受能力较强，则可以优先选择股票型基金。股票型基金比较适合具有固定收入、又喜欢激进型理财的中青年投资者。风险承受能力中等的投资者宜购买平衡型基金或指数型基金。与其他基金不同的是，平衡型基金的投资结构是股票和债券平衡持有，能确保投资始终在中低风险区间内运作，以达到收益和风险平衡的投资目的。风险承受能力差的投资者宜购买债券型基金和货币型基金。

二、根据投资者年龄来选择

一般来说，年轻人处于事业起步阶段，经济能力尚可，家庭或子女的负担较轻，收入大于支出，风险承受能力较高，投资期限相应要长一些，股票型基金或者股票投资比重较高的平衡型基金都是不错的选择。

中年人家庭生活和收入比较稳定，已经成为开放式基金的投资主力军，但由于中年人家庭责任比较重，风险承受能力处于中等，投资时应该在考虑投资回报率的同时坚持稳健的原则。中年人可以结合自己的偏好和经济基础进行选择，最好把风险分散化，尝试多种基金组合。

老年人一般没有额外的收入来源，主要依靠养老金及前期投资收益生活，风险承受能力比较低，而且投资期限不会很长。这一阶段的投资以稳健、安全、保值为目的，通常比较适合平衡型基金或债券型基金这些安全性较高的产品。

三、适合自己的目标

不同的投资者对未来资金的保值与增值的需求也是不同的，因此会制定不同的收益预期目标，并根据需要配置合适的基金产品。追求资本长期增值的投资者应当优选股票型基金；对于追求收益稳定性的投资者，可以将债券型基金产品做为目标；对资金流动性需求强烈的投资者可以选择货币型基金。

四、根据投资期限来选择

投资者在购买基金时还需要考虑投资期限，尽量避免短期内频繁申购、赎回，以免造成不必要的损失。短线操作风险太大，且不好把握，基金最好长期持有才能真正获利。

投资期限在两年以下的短期投资，投资的重点应该放在债券型基金、货币型基金这类低风险且收益稳定的基金产品上。特别是货币型基金，其流动性几乎等同于活期存款，又因其不收取申购、赎回费用，投资者在用款的时候可以随时赎回变现，在有闲置资金的时候又可以随时申购，堪称短期投资者的首选。

投资期限为 2 ~5 年的中期投资，除了应包含股票型基金这类高风险、高收益的基金产品外，还要加入一些收益比较稳定的债券型基金或平衡型基金，以获得比较稳定的现金流入。但是，由于买进卖出环节都要交纳手续费，所以投资者一定要事先算好收益成本。

投资期限为五年以上的长期投资，可以投资于股票型基金这类风险系数比较大的产品。这样既可以抵御一些投资价值短期波动的风险，又可以获得长期增值的机会，预期收益率会比较高。另外，保本型基金在一定的投资期内（如三年或五年）为投资者提供一定比例的本金回报保证，不到期限就不能保本，因此，也适合长期投资。

投资者选择基金的过程，也是对自我投资行为、理念和操作习惯进行检验的过程。因此，具有不同操作习惯和投资理念的投资者，应当在选择基金产品方面有所区别。

不同的年龄段如何选择基金

对于一般的投资者而言，在我国目前专业理财顾问还很少的情况下，如何才能走出误区，省时、省力地实现理财投资的目标呢？选择基金投资的最大优势就是不用劳心费神地自己去“选股”“择时”，相比之下，选择适合的基金、构造合理的基金投资组合更为重要。由于人们的财务状况、风险承受力不同，对理财投资的需求和目标也各不相同，所以要构建一个合理的基金投资组合，不同的人选择也各不相同。

在欧美成熟的基金市场有一个通行的公式：用 80 减去自己的年龄，就是一个人投资于股票型基金的大致比例。例如，投资者今年 30 岁，80－30 ＝ 50，因此，股票型基金可以占到其基金投资总额的 50%。当然，不同的投资者可以根据自己的风险偏好、投资期限、投资目标适当调整这一比例。

根据理财需求情况选择基金的技巧

如今，我国基金的种类和品种已经比较丰富，普通投资者完全可以通过把资产配置在不同类别的基金上来满足不同的理财需求。每个人具体的理财需求千差万别，但是，投资者可以把理财需求分成不同的期限，并针对不同的期限选择不同的基金。

例如，短期目标：建立应急基金、为度假而储蓄等；中期目标：为房子的首付储蓄等；长期目标：为孩子的教育储蓄、为退休储蓄等。确定了不同的理财需求与期限，那么基金投资应该占个人投资多大比例呢？

投资者要在银行、保险、资本市场中合理配置资产，一般应遵守“三三制”的配置原则。首先，投资者不能用基金投资来替代保险的保障功能。其次，货币型基金风险很低，流动性较好，被证明是良好的现金管理工具，可以替代部分储蓄产品；债券型基金属于基金中相对低风险的品种，其长期平均的风险和预期收益率低于股票型基金和混合型基金，高于货币型基金，稳健的投资者在谨慎选择产品的基础上，也可以替代部分储蓄产品。最后，不要把预防性储蓄投资到高风险的资本市场中。

在明确了上述原则后，投资者可以根据个人的投资组合成分、比重与其他资产的配置确定基金投资比例。对大部分人而言，只有获得理想的投资回报率，才能既提高生活品质，又不断改善财务健康状况。从理财的角度看，一般来说，投资者应至少拿出净资产（全部资产减去全部负债）的 50% 用于投资（如基金、股票、债券、投资性房产等）。

投资小技巧

投资期限越短，投资者的风险承受能力越低，越应该加大低风险类基金的比例，甚至全部投资低风险类基金。如果投资者的风险承受能力较高，而且用于投资的资金在较长时间内可以不动的话，则可以采取较为激进的投资策略，把较多的资产配置在股票类基金上。

通过基金的评级选择基金

基金评级简单易懂，在投资者选择基金时起到筛选以及缩小基金挑选范围的作用，投资者可以根据评级了解到基金过往的投资成绩。基金评级存在的价值简而言之，就是将基金历史的风险调整后收益进行比较，以此反映基金经理的投资管理能力，是一个定量评价指标。

很多投资者喜欢把基金评级作为自己选购基金产品的重要参考，可是面对眼花缭乱的各类评级又不免感到困惑。投资者应该如何使用基金评级来挑选满意的基金呢?

首先，优先考虑权威评级机构。就目前而言，国内的如银河证券基金研究中心、国金证券基金研究中心等，国际专业基金评级且已在国内开办分支机构的如晨星、理柏等，都是可以参考的选择。

其次，星号多少很重要，但在注重星号的同时还需留意基金风险。一般而言，一只基金星号的多少的确能在一定程度上反映出基金成立以来的业绩状况。同样的运作年份，高星级的基金业绩必然优于低星级的同类基金。但星号较多的基金并不一定就是低风险基金，一只五星级基金很有可能是高回报与高风险并存的基金。如果你是保守稳健型的投资者，那除了观察星号多寡之外，还要注意该基金的波动风险如何，是否超出了自己的风险承受能力。

再次，依据基金星号评级挑选基金是个不错的方法，但应明了基金评级采用的数据一般都是基金过去的表现，而不是未来获利的保证。此外评级也处在不断的动态调整中。

投资小技巧

基金评级采用的数据一般都是基金过去的表现，反映的是基金过去的投资业绩，而不是未来获利的保证。即使你现在精心挑选了一只在好几个权威评级中都有五颗星的基金来投资，你仍然不可能绝对保证这只基金将来的回报就一定会超过目前评级比它低的基金。

最后，基金星号只是针对同类型基金的比较，因此不同类型的基金，是不能单纯用星号来比较孰优孰劣的。例如，拿一只五颗星的股票型基金和一只四颗星的债券型基金相比就不太适合。其实四颗星的债券型基金对于偏好稳定收益的投资者而言，反倒是一个不错的选择。

选好有利的分红方式

基金分红是指基金将收益的一部分以现金方式派发给基金投资者。对于开放式基金，目前大部分基金公司提供了现金分红和红利再投资两种方式供投资者选择。

如果投资者选择现金分红，红利将于分红实施日从基金托管账户向投资者的指定银行存款账户划出。而红利再投资则是基金公司向投资者提供的，直接将所获红利再投资于该基金的服务，相当于上市公司以股票股利形式分配收益。如果投资者暂时不需要现金，而想直接再投资，就可以选择红利再投资方式，在这种情况下，分红资金将转成相应的基金份额并记入投资者的账户，一般免收再投资的费用。

实际上，这两种分红方式在分红时实际分得的收益是完全相等的。这部分收益原来就是基金单位净值的一部分。因此，投资者实际上拿到的是自己账面上的资产，这也就是分红当天基金单位净值下跌的原因。由于封闭式基金一般在存续期内不再发行新的基金单位，因此，封闭式基金的收益分配只能采用现金分红的形式。

一般情况下，选择现金分红方式的人比较多，因为这种方式通俗易懂，并且现金分红是实实在在的拿到钱，可以落袋为安。这种方式主要适合以下两种情况。

一是希望用红利来补贴家用的投资者。很多退休者或生活来源受限制的投资者，希望经常有投资收益来补贴家用，这时自然是现金红利方式更为合适。

二是在基金净值进入下降通道的时候，如果预计基金净值今后还将继续下跌，这时选择现金红利可以真正起到落袋为安的作用。如果红利积攒到一定程度，并且基金净值经过下跌已经有企稳迹象，这时可以选择用积攒的现金红利再一次性低价申购开放式基金，这样实际收益会比选择红利再投资方式高出不少。

在牛市，选择红利再投资能给投资者带来更大回报。此外，如果投资者有长期投资基金的打算，红利对自己来说暂时没有用处，并且手中不缺现金，这时可以选择红利再投资。

如果选择现金分红，基金每一次分红后，投资者就可以拿到现实的资金，但这部分资金失去了投资机会，应该注意的是，基金回报的计算数据往往是以投资者选择红利再投资为假设前提的。目前，不同基金对每个账户的最低金额要求也不相同，如代销网点为1 000元，而直销网点可能为1 万元。无论采取哪种方式，投资者都要保存好申购的确认凭证，这样才可以对自己的投资有个记录。大多数基金公司每个季度或每个月都会向投资者寄送对账单。

投资小技巧

基金分红方式并不是一成不变的，投资者可以根据个人的具体情况以及基金行情的变化，通过网上银行、网上直销系统以及到银行柜台随时修改自己的分红方式。

投资者如何巧打选购基金“时间差”

投资者购买基金的主要目的是为了省去较多的资产配置时间。通过专家理财，来实现既得利益。但在人们实际购买基金时，常常具有时间管理的意识，而缺乏时间管理的方法。主要表现在对基金产品的购买时点、资金组合等缺乏应有的时间观念，不能巧打“时间差”，从而错过了很多获取收益的机会。

一、认购期和申购期的“时间差”

开放式基金的认购期一般为一个月，而建仓期却需要三个月。从购买到赎回，投资者需要面临一个投资的时间跨度，这为投资者选择申购、赎回时点进行套利，创造了“时间差”。因此，对于偏好风险的投资者来说，只要掌握了股票型基金的建仓特点，就能获取不菲的基金建仓期收益。

二、前端和后端收费的“时间差”

为了鼓励基金持有人更长时间地持有基金，同时增强基金持有人的忠诚度，各家管理公司在基金的后端收费上设置了一定的灵活费率。即随着基金持有人持有基金时间越长而呈现后端收费的递减趋势。

投资小技巧

对于资金量小，无法享受认购期大额资金费率优惠的，不妨选择交纳后端收费的方式，做一次长期价值投资。

三、场内与场外转换的“时间差”

在基金的投资品种中，LOF 基金和 ETF 基金既可以进行场内的正常交易买卖，还可以进行场外的申购、赎回，并存在多种套利机会。怎样研究分析和把握套利时点，对投资者购买此项基金是十分重要的。

四、价格与净值变动的“时间差”

对于封闭式基金而言，交易价格和净值是随时变动的，而且交易价格的变动和净值的变动没有一定的波动规律，但在交易价格与基金净值之间却存在一定的联动关系。即封闭式基金的交易价格与净值之间的价差越大时，其折价率就越高。这为进行交易价格和净值套利的投资者提供了“时间差”。

总之，投资者只要善于把握不同基金产品的特点，捕捉基金产品投资中的机会，就能因巧打“时间差”赢得获利机会。

牛市选择基金的技巧

在牛市中，大部分投资者都想通过基金赚上一笔，但面对市场上种类繁多的基金，很多人觉得难以选择。那么，在目前牛市格局中，到底应该如何投资基金呢?

一、选择老基金

“牛市看老，熊市看新。”有关理财专家认为，在持续走高的市场中，高净值的老基金比新基金更具优势。在持续走高的市场中，业绩好的老基金比新基金更具优势。业绩好的老基金一般反映了该基金经理的投资水平比较好，而且老基金在前面的运作中，运作风格和收益情况已经趋于稳定，风险相对较低。更重要的是，在后市看涨的情况下，由于老基金已有很多重仓的股票，能够直接获得上涨收益。而新基金则必须在持续走高的市场环境下缓慢建仓，不仅建仓成本高，而且容易错过突如其来的市场机会。

二、选择规模适中的基金

基金规模也是在牛市中选择基金时必须关注的一个问题。基金规模大到一定程度会影响到投资组合的流动性，而且规模太大导致无论是买入还是卖出股票均会推动股票价格朝不利于组合的方向变化，从而对收益率产生一定的负面影响。理财专家指出，在其他因素确定的情况下，积极型投资者优先考虑选择 10 亿至 20 亿元规模的股票型基金，稳健型投资者优先考虑 20 亿至 30 亿元规模的低股票配置的保守型基金。

三、净值高的基金

净值高的基金，是其过去投资能力的直接体现，意味着每份基金所包含的资产价值高。高净值基金充分说明了基金管理人的管理运作水平和风险控制能力。此外，高净值基金不等于它持有股票的价格已被高估。基金不是股票，“高抛低吸”并不适用于基金投资。基金的价值由其资产净值决定，高净值的背后，是基金经理的操作能力。好的基金经理，对他所选股票有自己的目标价格，当他持有的股票被高估时，他就会获利了结，然后再购买他认为价格被低估的股票。所以高净值基金里，未必有价格被高估的股票。判断基金好坏的依据并不是净值的高低，基金净值没有最高，只有更高。

股市剧烈震荡时选基金的技巧

如果市场震荡调整剧烈，股基债基纷纷下跌，这对于投资者而言苦不堪言。其实在震荡市中，风险承受能力较强的投资者可以考虑分批买入。具体而言，有以下两种投资方式。

一、定期定投

首先，市场急剧下跌时，投资者可借机进行抄底，但可以适度把握定投的节奏，通过定投方式买入指数基金。对于指数基金这种高波动性的投资产品正好可以通过定期定投来降低风险，定投的效果最佳。其次，把定期定投和指数基金结合起来，投资者可以严格执行投资纪律，锁定投资效果。

二、选择保本型基金

投资者在投资过程中，首先应该考虑投资标的的安全边际，在守住本金后再考虑追求更高的投资收益。虽然市场深陷阴霾，但保本型基金仍然可以保持着正收益。这得益于保本型基金审慎稳健的建仓策略，其可以规避近期大面积的下行风险，为下一阶段的逢低增持提供了有利条件。但是投资者要注意的是，保本型基金规定，只有在认购期认购并持有至保本周期结束，才能享受保本条款。

基金投资实例：量力而为选购基金

晓琳，女，22 岁，某大学工商管理系大二学生，每月固定收入 3 000 元，包括父母给的生活费 1 500 元，兼职做家教收入 1 000 元，经营网店收入 500 元，现有银行定期存款 2 万元。

晓琳的伙食费每月 480 元，手机费每月 50 元，交通费每月 50 元，购买报刊书籍每月 50 元，添置衣服和其他支出每月 800 元。晓琳每月的结余为 3 000 - 480 - 50 - 50 - 50 - 800 = 1 570（元）。她希望到大学毕业时，能够攒到 5 万元与同学共同创业。

大学生没有稳定的收入来源，风险承受能力差，因此主要推荐零存整取、货币型基金等稳妥型理财方式。不过，由于零存整取的回报率不高，晓琳可选择用可用资金的 10% 购买股票，30% 投入相对稳妥的货币型基金，剩下的 50% 资金可选择定期储蓄，最后 10% 用作临时救急。专家说：“大学生的思想活跃，接受能力强，加之比上班族有更充裕的时间，可对股市进行充分的学习和研究，适量地参与一些实践。在学业较轻松的时候，可以选择一些短线投资；在学业较忙时，则选择持有一些优质基金。”

基金投资实例：基金选购学问多

案例一

为了增强消费安全，小宇在购物旅游时越来越喜欢用信用卡。2015 年，他听从同事的建议，把每个月的工资都通过网上银行转为货币型基金，日常大额支出就依靠信用卡。到了还款日前两天，小宇再把货币型基金赎回来还款。因为货币型基金比活期存款收益高出了两三倍，这样坚持了几个月，聚沙成塔，小宇居然也凑出不少零花钱。最近，小宇收到银行发来的一条短信，提示小宇该行正在发行某只中短债基金，和货币型基金一样进出免费，收益率预计有 2.5% 左右。小宇有点动心，想放弃货币型基金，改买该只中短债基金。

专家认为，像小宇这种情况，还是继续购买货币型基金为佳。相比中短债基金，货币型基金绝大部分是T+2交易，拥有良好的流动性，无论何时赎回基本不用考虑赎在基金净值低点的问题。而中短债基金由于投资品种期限相对较长，净值波动要超过货币型基金，对于持有期限在一个季度以内的资金就不太合适。

案例二

范先生在一家IT公司工作，每月薪酬上万元。自从四年前开始炒股之后，范先生发现了一条股市规律，即不管牛市熊市，每年下半年总还是有一次机会让你赚钱。他每年下半年会进入股市一次，在大盘涨了10% ~15%之后就赶紧收手。其余时间，范先生的资金基本就存在银行，赚取微薄的利息。

对此，专家认为，范先生用中短债基金来搭配一年一次的炒股行为比较划算，因为他的收入大多数的闲置时间都在两个季度以上，这样的话，购买中短债基金而不是货币型基金，同样没有进出成本，而收益率相对于货币型基金更高。至于具体的收益水平，我们单看中短债基金和货币型基金的业绩比较基准就有数了，前者是两年期的税后定存收益，后者则是一年期的。

案例三

30多岁的丁女士，作为典型的都市"夹心一族"，上有老下有小，拒绝风险较高的理财产品。2013年，她还清了多年的住房贷款，银行里也陆陆续续积累了15万元的活期储蓄。将这笔钱继续放在银行赚取微薄的利息，丁女士颇不甘心。对于这笔钱究竟如何用，丁女士还没有一个成熟的方案，但至少最近三年不会用。

专家认为，丁女士这笔资金倘若三年不需动用的话，那么无论是买货币型基金还是中短债基金都不划算，丁女士最好到保本型基金或者债券型基金中去寻找合适的投资品种。当然，保本型基金从投资范围来讲，跟债券型基金是一样的，只不过在投资策略的设计方面因为要"保本"，资产配置会有相当的约束，其保本期限一般为三年。

王亚伟操盘实录：重仓重组股大获成功

2011年5月16日，王亚伟掌舵的华夏策略精选基金净值逆市增长，当日增幅0.57%，全年累计收益达8.24%，2011年来首次成为偏股型基金领头雁，而其8.24%的增长率也位列所有基金之首。

王亚伟此次能王者归来，其重仓股山西焦化是助其登顶的最大"功臣"。2011年5月10日至5月16日的5个交易日，山西焦化连收5阳，累计涨幅高达35%。一季报显示，华夏策略精选持有山西焦化500万股，是第九大重仓股。

让王亚伟此次获益匪浅的明星股——山西焦化，此前表现可谓一般：2010年10月26日，山西焦化（当时简称ST山焦）公布的2010年第三季度报告显示，前三季亏损2 182.68万元，面临暂停上市的尴尬局面。就在大家都不看好的情况下，王亚伟开始建仓当时犹戴ST帽的山西焦化。当期末，华夏大盘精选和华夏策略精选分别持股山西焦化450.06万股和250万股。而后，王亚伟一直在加仓。

按季度末收盘价计算的话，截至3月31日收盘，王亚伟买入的山西焦化股份浮盈已超过5 300万元。倘若，在5月17日股价到达最高点时，王亚伟仍未撤退，其最高浮盈甚至超过1.3亿元。

有市场人士判断，从山西焦化重组前景来看，王亚伟很可能依然在坚守。有分析认为，王亚伟如此钟情并坚定持有山西焦化，就是看准了山西焦化背后的行业整合预期，此番豪赌绝对是有备而来。据了解，山西省整合焦化企业已迫在眉睫。其整合的首要目标是控制山西省焦炭总产量。山西省“十二五”期间将不再批准单纯扩大产能的焦化项目，74%的企业五年内将“关、停、并、转”，重点通过产能置换、兼并重组上马一批引领焦化行业先进水平的大型焦化项目，逐年建设500万、1 000万吨的特大型企业。山西焦化的投资前景不得不令人无限遐想。

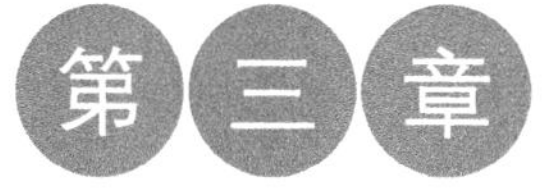

简便易懂
——开放式基金的投资技巧

开放式基金在国外又称共同基金，它和封闭式基金共同构成了基金的两种运作方式。目前，开放式基金已成为国际基金市场的主流品种，美国、英国、我国香港和台湾地区的基金市场均有90%以上是开放式基金。相对于封闭式基金，开放式基金在激励约束机制、流动性、透明度和投资便利程度等方面都具有较大的优势。

第一节 认识开放式基金

开放式基金是指基金发起人在设立基金时，基金份额总规模不固定，可视投资者的需求，随时向投资者出售基金份额，并可应投资者要求赎回发行在外的基金份额的一种基金运作方式。

什么是开放式基金

开放式基金是和封闭式基金相对而言的。封闭式基金的资本额是确定的，不允许投资者随时赎回其投资，投资者只能在流通市场转让其所持有的基金单位而兑现。而开放式基金，是指设立基金时，发行的基金单位总数不固定，可以根据经营策略的实际需要连续发行，投资者可以随时申购基金单位，也可以随时要求基金管理人赎回其基金单位，申购或赎回基金单位的价格按基金的净资产值计算。由此可见，自由赎回是开放式基金最基本的要求。

目前，开放式基金已成为国际基金市场的主流品种，美国、英国、我国香港和台湾地区的基金市场均有90%以上是开放式基金。

投资小技巧

基金公司可随时向投资者发售新的基金份额，也需随时应投资者的要求买回其持有的基金份额。投资者既可以通过基金销售机构购买基金使基金资产和规模由此相应增加，也可以将所持有的基金份额卖给基金公司并收回现金使得基金资产和规模相应减少。

开放式基金的优点

开放式基金已经成为全球基金行业发展的趋势。相对于封闭式基金，开放式基金具有较大的优势，具体如表3-1所示。

表3-1 开放式基金的优势

优势	分析
规模优势	投资基金可以将零散资金汇集起来成为具备规模优势的资金。交由专业经理人投资于各种金融工具，投资者的少量资金也能享受组合投资带来的利益。同时，规模投资还可以使投资者进入小额投资者所不能进入的投资领域，如在银行间市场买卖国债等

（续表）

优势	分析
市场选择性强	如果基金业绩优良，投资者购买基金的资金流入会导致基金资产增加；而如果基金经营不善，投资者通过赎回基金的方式撤出资金，导致基金资产减少。由于规模较大的基金的整体运营成本并不比小规模基金的成本高，使得大规模的基金业绩更好，愿意购买的人更多，规模也就更大。这种优胜劣汰的机制对基金管理人形成了直接的激励约束，充分体现了市场选择
流动性好	投资者可以根据自己的资金需求随时提出赎回基金份额的申请，按照当日的基金份额净值来收回自己的投资并获得投资收益。开放式基金既满足了投资者通过投资分享证券市场收益的需求，又满足了投资者随时变现的流动性需求，购买开放式基金可以说是一举两得
透明度高	开放式基金在信息披露方面的透明度较高。除了与封闭式基金一样定期公布年报、半年报和季度报告以外，开放式基金每日还公布基金份额净值，随时准确地体现基金管理人在市场上运作、驾驭资金的能力以及给投资者带来的回报情况，便于投资者作出投资决策
分散投资风险	以科学的组合投资降低风险、提高收益，是基金的另一大特点。投资学上有一个谚语："不要把所有的鸡蛋放在一个篮子里。"投资经验的分析也表明，要在投资中做到起码的分散风险，通常至少要持有 30 只股票。但个人投资者有限的资金仅能投资于某几种证券，如果所投资的某几种证券业绩不佳，投资者可能蚀本；而基金则有雄厚的资金，可分散投资于多种证券，进行组合投资，而不至于出现因某几种证券损失而满盘皆输

开放式基金收益分配原则

根据《证券投资基金管理暂行办法》有关条文的规定，基金收益分配应当采用现金形式，每年至少一次，基金收益分配比例不得低于基金净收益的 90%。《开放式证券投资基金试点办法》对开放式基金的收益分配并没有作出具体的规定，只规定："开放式基金的收益分配，应当根据基金契约及招募说明书的规定进行。"

基金收益包括：基金投资所得红利、股息、债券利息、买卖证券价差、存款利息以及其他收入。因运用基金资产带来的成本或费用的节约也应计入收益。而基金净收益则为基金收益扣除按照国家有关规定可以在基金收益中扣除的费用等项目后的余额。因此，根据有关法规的规定，开放式基金收益分配应遵循图 3-1 所示的分配原则。

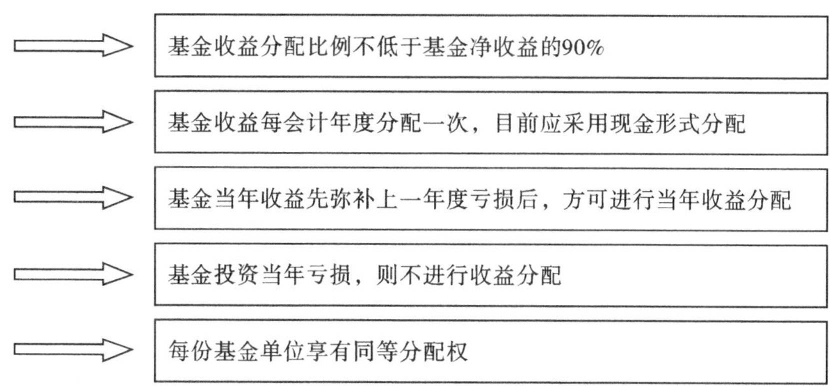

图 3-1 开放式基金收益分配原则

此外，基金收益分配方案应载明基金收益范围、基金净收益、基金收益的分配对象、分配原则、分配时间、分配数额及比例、分配方式、支付方式等内容。基金收益分配方案先由基金管理人拟定，经基金托管人核实后，再报中国证监会备案。

投资小技巧

在国外，基金通常还有另一种分配方式，即再投资方式。再投资方式是将投资者分得的收益再投资于基金，并折算成相应数量的基金单位。这实际上是将应分配的收益折为等额的基金单位送给投资者。许多基金为了鼓励投资者进行再投资，往往对红利再投资低收或免收申购费率。随着基金业的日益发展和成熟，再投资方式的分配形式也必将被我国的开放式基金采用。

开放式基金与交易所交易基金的区别

开放式基金指在交易所上市交易的开放式证券投资基金，也称为“上市型开放式基金”。LOF 基金的投资者既可以通过基金管理人或其委托的销售机构以基金净值进行基金的申购、赎回，也可以通过交易所市场以交易系统撮合成交价进行基金的买入、卖出。交易所交易基金指的是可以在交易所交易的基金。对一般投资者而言，交易所交易基金主要还是在二级市场上进行买卖。它们的区别主要如表 3-2 所示。

表 3-2　上市型开放式基金（LOF）与交易所交易基金（ETF）的区别

区别	上市型开放式基金（LOF）	交易所交易基金（ETF）
申购、赎回的标的	LOF 的申购、赎回是基金份额与现金的交易	ETF 与投资者交换的是基金份额和“一揽子”股票
申购、赎回的场所	LOF 的申购、赎回既可以在代销网点进行也可以在交易所进行	ETF 的申购、赎回通过交易所进行
适用的基金类型	LOF 虽然也采取了开放式基金在交易所上市的方式，但它不仅可以用于被动投资的基金产品，也可以用于经济投资的基金	ETF 主要是基于某一指数的被动性投资基金产品
参与的门槛	LOF 产品的申购和赎回与其他开放式基金一样，申购起点为 1 000 基金单位，更适合中小投资者参与	按照国外的经验上证 50 ETF，其申购赎回的基本单位是 100 万份基金单位，起点较高，适合机构客户和有实力的个人投资者
对申购、赎回的限制	LOF 在申购、赎回上没有特别要求	只有大投资者（如基金份额在 100 万份以上）才能参与 ETF 一级市场的申购、赎回交易
基金投资策略	LOF 是在普通的开放式基金基础上增加了交易所的交易方式，它可以是指数基金，也可以是主动管理型基金	ETF 通常采用完全被动式管理方法，以拟合某一指数为目标
套利操作方式和成本	对 LOF 进行套利交易只涉及基金的交易	ETF 在套利交易过程中必须通过一揽子股票的买卖，同时涉及到基金和股票两个市场

投资小技巧

交易所交易基金从法律结构上说仍然属于开放式基金，但它主要是在二级市场上以竞价方式交易；并且通常不准许现金申购及赎回，而是以一揽子股票来创设和赎回基金单位。

投资开放式基金的费用

在开放式基金销售和运作的过程中会发生一些费用，这些费用最终由基金投资者承担，用来支付基金管理人、基金托管人、销售机构和注册登记机构等提供的服务。开放式基金的费用主要分两大类：一是基金投资者直接负担的费用；二是基金运营费用。

一、基金投资者直接负担的费用

该费用指投资人进行基金交易时一次性支付的费用，包括认购费、申购费、赎回费、再投资费、转换费等。开放式基金通常向投资者收取上述费用中的一部分。

1. 认购费。认购费是向在基金设立募集期内购买基金的投资者收取的费用。目前国内的开放式股票型基金的认购费率一般为申购金额的1% ~2%，复制类基金的认购费率全部是2%，是收费标准最高的一种。

2. 申购费。投资者因申购开放式基金需交纳的一次性费用。此项费用如果在买入基金时支付，称为前收费；如果在卖出基金时支付，称为后收费。值得注意的是，后收费的申购费与开放式基金的赎回费不是一个概念。申购费是投资者支付给基金公司的一种费用。

投资小技巧

《开放式证券投资基金试点办法》中规定：申购费率不得超过申购金额的5%，申购费用可以在基金申购时收取，也可以在赎回时从赎回金额中予以扣除。

3. 赎回费。赎回费是在投资者赎回基金时从赎回款中扣除的费用，我国法律规定，赎回费率不得超过赎回金额的5%，赎回费收入在扣除基本手续费后，余额应当归基金所有。目前国内开放式股票型基金的赎回费率一般为0.5%，债券型基金赎回费率可低至0，货币型基金一般不收取赎回费，有些保本型基金对于提前赎回行为收取标准很高的、带有一定惩罚性质的赎回费用，费率通常在2%左右。

4. 再投资费。指投资者将从开放式基金所得到的分配收益再继续投资于基金所要支付的申购费用。

5. 转换费。指投资者在同一基金管理人所管理的不同基金之间，由投资的一只基金转换成另一只基金所要支付的费用。

二、基金运营费用

基金运营费用指基金在运作过程中发生的费用，主要包括基金管理费、基金托管费、业绩报酬费、其他费用等（如图3-2所示），这些费用直接从基金资产中扣除。

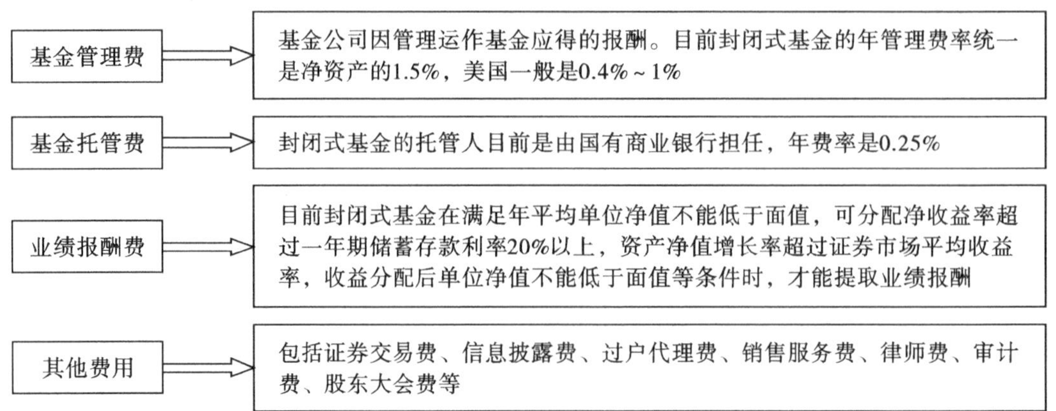

图 3-2　基金运营费用

三、投资开放式基金的费用明细统计

投资开放式基金的费用明细如表 3-3 所示。

表 3-3　投资开放式基金的费用明细

费用	金额
基金管理费	一般为基金资产的 1.5%
基金托管费	一般为基金资产的 0.25%
过户代理费	一般为基金资产的 0.25%
认购费	一般不超过认购金额的 5%
申购费	一般不超过申购金额的 5%
赎回费	一般不超过赎回金额的 3%

开放式基金的认购和申购

开放式基金的认购和申购是在两个不同购买阶段的不同说法。例如，投资者在一只基金募集期中购买基金份额，称为认购，每单位基金份额净值为人民币 1 元。基金募集期结束并成立后，投资者根据基金销售网点规定的手续购买基金份额则称为申购，由于此时的基金净值已反映了其投资组合的价值，因此每单位基金份额净值不一定为 1 元，其可能高于或低于 1 元，故同一笔资产认购和申购同一基金所得到的基金份额数有可能不同。

一、开放式基金的认购

在开放式基金正式发行首日，基金认购流程如图 3-3 所示。

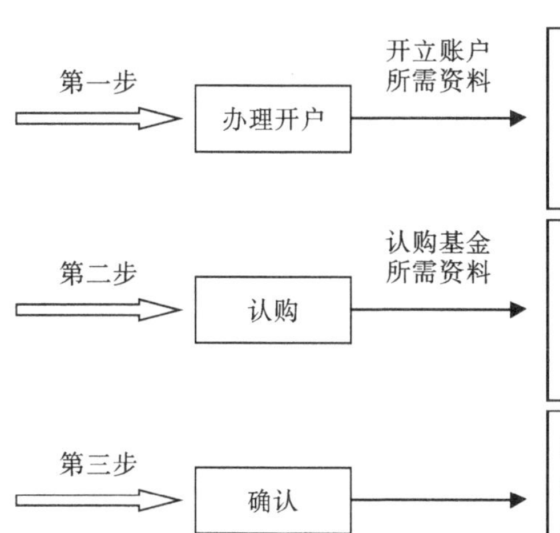

1. 本人身份证件
2. 代销网点当地城市的本人银行活期存款账户或对应的银行卡
3. 已填写好的《账户开户申请表》

1. 本人身份证件
2. 基金账户卡
3. 代销网点当地城市的本人借记卡
4. 已填写好的《银行代销基金认购申请表（个人）》

投资者可以在基金成立之后向各基金销售机构咨询认购结果，并且也可以到各基金销售网点打印成交确认单。此外，基金管理人将在基金成立之后按预留地址将《客户信息确认书》和《交易确认书》邮寄给投资者

图 3-3　开放式基金的认购流程

二、开放式基金的申购

开放式基金的申购是以书面或其他认可的方式进行的。基金管理人接到投资者的购买申请时，按照当日公布的基金单位净值加收一定的申购费作为申购价格。开放式基金的申购流程如图 3-4 所示。

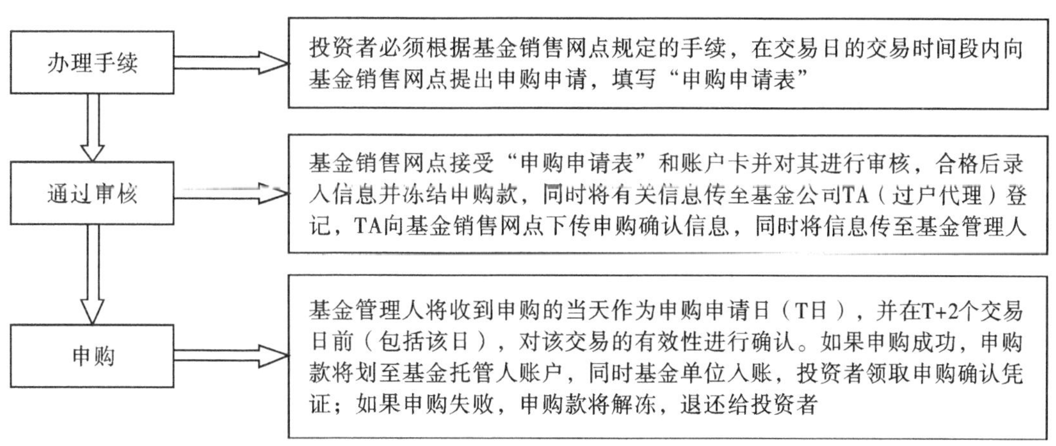

图 3-4　开放式基金的申购流程

投资小技巧

认购和申购的费率可能会有差别。目前，基金公司通常会设定不同档次的认购和申购费率，即根据投资者购买金额的多少适用不同档次的费率。在同一购买金额下，认购费率和申购费率也可能有所不同，具体情况需查询各基金费率情况说明。

开放式基金的赎回

开放式基金可办理赎回的时间为证券交易所交易日的交易时间，投资者可以通过基金管理人或基金销售代理人以电话或网上等形式进行赎回基金操作。当日 15：00 点前赎回，是以当日收盘以后公布的基金净值计算；15：00 点之后申报的赎回单，以次日收盘以后公布的基金净值计算。收到客户赎回的指令后，基金公司需要进行资金结算，因此要耗费一定的基金赎回时间。

一、开放式基金赎回的流程

赎回开放式基金是指申请将你手上持有的基金份额的全部或一部分卖给基金公司，赎回你的资金。赎回所得金额，是以卖出基金的份额，乘以卖出当日的基金净值。投资者可以通过直销和代销机构向基金公司发出赎回指令，进行赎回。虽然各基金公司的业务细则会有所差异，但开放式基金的赎回大体分为以下三个步骤。

（1）发出赎回指令：投资者可以通过传真、电话、互联网等方式，或者亲自到基金公司直销中心或代销机构网点下达基金赎回指令。

（2）赎回价格基准：基金的赎回价格是赎回当日的基金净值加计赎回费。假定某投资者赎回某基金 1 万份基金单位，其对应的赎回费率为 0.5%。

（3）领取赎回款：投资人赎回基金时，无法在交易当天拿到款项，该款项一般会在交易日的三至五天、最迟不超过七天后划出。投资人可以要求基金公司将赎回款项直接汇入其在银行的户头，或是以支票的形式寄给投资人。

二、基金赎回的条件

适当附加开放式基金赎回条件，是保障开放式基金日常运营稳定的重要手段，为避免资金大面积赎回的风险，基金赎回的限制条件如表 3-4 所示。

表 3-4　基金赎回的限制条件

限制条件	分析
时间条件	首次发行募集完一定的资金，基金运作一段时间后才允许投资者赎回。对这一时间限定，各国有不同的限制，一般都在三个月左右。另外，对赎回日期也有限制，一般将每周或每月固定几个日期定为申购或赎回的日期。最后是对赎回款到账日期的限制，即从接到基金份额有人提出赎回要求，到向持有人支付赎回款的时间，这段时间一般不会太长，多数基金规定为七天或五天
额度条件	开放式基金对赎回的额度条件进行限制主要是为了应对巨额赎回而设立的。基金一般不会刻意限定赎回的额度，但当赎回的总量超过一定的比例时会进行一些特殊的安排。例如，在某一个交易日，如果赎回要求超过发行单位总数的 10%，则 10% 以外的赎回要求可延迟至下一个交易日办理

（续表）

限制条件	分析
费用限制	费用限制是为了使投资者在买入基金份额后不会很快就赎回，目的是为了保障基金公司的利益。当投资者赎回基金时，要按赎回基金份额的一定比例向基金管理者交纳费用，这个费用也不是固定不变的，持有的时间越长，费用率越低。例如，某基金规定持有时间不满一年赎回费用率为0.5%，满一年不满两年赎回费用率为0.2%，满两年赎回费用率为0

三、巨额赎回

开放式基金的赎回还有巨额赎回的限制。根据规定，开放式基金单个开放日中，基金净赎回申请超过基金总份额的10%时，将被视为巨额赎回。巨额赎回申请发生时，基金管理人在当日接受赎回比例不低于基金总份额的10%的前提下，可以对其余赎回申请延期办理。被拒绝赎回的部分可延迟至下一个开放日办理，并以该开放日当日的基金资产净值为依据计算赎回金额。也就是说，当遇到巨额赎回时，你有可能当日得到全部赎回，或者当日得到部分赎回，也有可能被延期支付。延缓支付的赎回款项应在20个工作日内支付。发生巨额赎回并延期支付时，基金管理人应当通过邮寄、传真或者招募说明书规定的其他方式，在招募说明书规定的时间内通知基金投资人，说明有关处理方法，同时在指定媒体上公告；通知和公告的时间，其通知时限最长不得超过三个证券交易所交易日。

四、基金赎回的策略

基金赎回不能盲目，要从机会和成本两方面综合考虑。基金是一种长期投资品种，但这并不意味着一旦资金投入市场后就不管不问了。赎回意味着资产现金化，是资产从一种资金形态转换至另一种资金形态的过程，是投资者理财计划的一部分，同时也是另一种理财方式的开始。在整个投资基金过程中，正确的赎回策略是很重要的。

1. 对市场的判断

基金投资的收益来自未来，对于偏重股票型投资的基金而言，基金赎回的关键是看股票市场未来的发展是牛市还是熊市，决定是否赎回需要在时机上做一个选择。在股市行情不佳的情况下，可以把股票型基金赎回，转换成债券型基金或具有灵活配置的混合型基金。在牛市行情下，可将固定收益类型基金，如债券型基金或货币型基金转换成股票型基金增值；然而在熊市行情下，应将股基换成债券型基金或货币型基金避险。

2. 对基金本身的判断

如果基金业绩下降，此时可以通过赎回来转变投资策略。这种赎回是为了追求更好的投资回报。对于那些表现良好、投资回报基本符合原定目标、业绩表现排名靠前的基金，应该坚决持有，对于那些能够逆市场大势而上的基金应该继续持有。在进行基金组合投资中，应该多选择平衡型基金、混合型基金等股票配置比例比较灵活的基金，同时最好加大债券型基金的配置，以回避股市风险。当持有基金的投资风格发生变化且与招募说明书出入较大时，就应该对基金加以密切关注，必要时可以赎回或转换成其他基金。

3. 考虑手续费成本

需要注意的是，基金不但有申购费或认购费，还有赎回费；如果赎回以后再进行认购或申购，会花不少钱在费率上，目前投资者在赎回股票型基金时一般要支付0.5%左右的赎回费，而再投资时通常又要支付0.8%～1.5%不等的申购费用，一来一去2%左右的盈利就没有了。如果在基金净值处于亏损时进行赎回，损失的幅度就更大了，所以投资者在赎回时要综合考虑。

4. 另类赎回方式

把高风险的基金产品转换成低风险的基金产品，也相当于一种赎回方式，并且这种方法从费用和收益角度上看，比直接赎回更为方便划算。例如，把股票型基金转换成货币型基金，这样可以降低成本，且转换费低，而货币型基金风险低，相当于现金，收益又比活期利息高。

投资小技巧

在市场短期震荡或牛市行情上涨途中，不宜盲目赎回基金。通常情况下，市场短期涨跌的变化不应当成为赎回基金的理由；而如果牛市已经确立，就应该分享证券市场上涨带来的投资收益，减少盲目操作。此外，跟风赎回更不可取，要慎重考虑与其他基民之间的交流，每个人买入基金的时点都不一样，投资切忌跟风。

开放式基金申购和赎回金额的计算

开放式基金申购和赎回价格的确定与股票及封闭式基金交易价格的确定，有着很大的不同。开放式基金申购、赎回价格是以单位基金资产净值（NAV）为基础计算出来的。开放式基金申购时费用及基金份额计算方法如下。

一、基金的申购费用

基金的申购费用的计算公式为：

申购费用＝申购金额×申购费率

基金申购的份数为：

申购份数＝（申购金额－申购费用）/T日基金单位净值

二、基金的赎回费用

开放式基金赎回时费用及投资者所得的支付金额计算方法如下。

基金的赎回金额为：

赎回金额＝赎回份数×T日基金单位净值

基金的赎回费用为：

赎回费用＝赎回金额×赎回费率

投资者所得支付金额为：

支付金额＝赎回金额－赎回费用

一位投资人有100万元用来认购开放式基金，假定认购的费率为1%，基金单位面值为1元，那么：

认购费用 ＝100万元×1% ＝1万元

净认购金额 ＝100万元－1万元＝ 99万元

认购份额 ＝99万元÷1.00元＝99万份

一位投资人有100万元用来申购开放式基金，假定申购的费率为2%，单位基金净值为1.5元，那么：

申购费用 ＝100万元×2% ＝ 2万元

净申购金额 ＝100万元－2万元＝98万元

申购份额 ＝98万元÷1.50元＝653 333.33份

一位投资人要赎回100万份基金单位，假定赎回的费率为1%，单位基金净值为1.5元，那么：

赎回价格 ＝1.5元×（1－1%）＝1.485元

赎回金额 ＝100万×1.485＝148.5万元

开放式基金适合哪些人投资

开放式基金的适合对象有以下几种。

一、把证券投资作为副业的投资者

证券市场的绝大部分参与者都有自己的主要工作，证券交易的开市时间也是大家本职工作最忙的时间，购买基金可交给专业的基金公司去管理，可以坐享其成。

二、缺乏证券知识的投资者

多数投资者由于缺乏证券知识，没有能力对证券市场、对上市公司进行深入细致的研究，使得投资带有盲目性，不如委托专业的基金公司运作。

三、期望获取较为长期稳定收益的投资者

不同的基金，投资风格会有不同，但都推崇长期理性投资。追求超额的利润，就要冒加倍的风险。在这个证券市场中，基金代表机构投资者的主流，投资回报率不是最高的，但会比较长期、稳定。

四、风险能力承受能力较低的证券投资者

目前活跃在证券市场中的多数是小额投资者，他们的资金如果集中购买一两只股票，则风险过于集中，如果投资过于分散，则牵扯精力过多，投资成本上升，得不偿失。基金则将小额资金汇聚成巨额资金，可以从容地进行组合投资，既分散了风险，又便于管理。

第二节 开放式基金的投资技巧

开放式基金可视投资者的需求，随时向投资者出售基金单位或者股份，并可以应投资者的要求赎回发行在外的基金单位或者股份的一种基金运作方式。投资者既可以通过基金销售机构买基金使得基金资产和规模由此相应的增加，也可以将所持有的基金份额卖给基金并收回现金使得基金资产和规模相应的减少。

挑选开放式基金的方法

在市场众多的基金中选择一只或几只基金投资，确实不是容易的事。不过可以参考以下几个原则和标准，会减少失误的机会。

一、选择优秀的基金公司

优秀的基金公司不仅所管理的基金业绩较好，而且可以给投资者更多更好的服务。由于好的基金公司相对而言利润更高，因此可以用更优厚的待遇吸引优秀的人才，提高公司的内部管理水平，如果投资者希望和基金公司保持关系，那么就可以在选择基金的同时考虑该基金的管理公司的情况。

二、确定该基金有出色的基金经理

基金的盈利能力与之直接相关的就是基金经理，基金经理人的能力、素质和稳定性对于基金的运营有很大的影响。对于基金经理我们要看他的从业经历，在做基金经理前都从事过什么职业，工作的内容是什么，从他的历史工作当中可以考察出基金经理的投资风格和运作能力。

三、选择符合自己投资目标的基金类型

不同类型的基金，其投资范围、风险状况和预期收益水平都是不一样的。投资者可以根据资金的投资目标（主要是在风险和收益之间的权衡）来选择基金类型。如果是希望追求长期稳定的回报，那么不妨选择风险较低、收益稳定的平衡型基金；如果投资者对风险承受能力较高，希望获得较高的短期（这里的短期是指一年以上、五年以内）收益，那么可以选择成长型基金。选定基金类型后，可以根据有关资料（如《中国证券报》、各基金公司网站等）获得这些基金表现的排名。在同一类型基金里，一般选择表现排名靠前的公司。

四、选择合适的购买时机

投资基金和投资股票一样，也要选择一个合适的投资时机。如果投资时机选择的不好那么得到的收益必然会大打折扣，比如即使买进的基金各方面都好但是市场行情不好，那么得到的收益会比在好的行情下获得的收益要低甚至会出现套牢。

开放式基金净值的计算

开放式基金在所用基金中是较为受欢迎的一种，而选择开放式基金就一定要清楚开放式基金每日净值的计算方法。只有在确定每日净值的情况下，才能了解基金所带来的真正收益，从而做进一步的选择。

每日开放式基金净值即基金单位资产净值（简称基金净值）是指每份基金单位的净值，等于基金的总资产减去总负债后的余额再除以基金的单位份额总数。它是指在某一时间点上，基金资产的总市值扣除负债后的余额，是基金单位持有人的权益。

基金估值是计算净值的关键。单位基金资产净值计算的公式为：

单位基金资产净值 =（总资产 − 总负债）÷基金单位总数

其中，总资产是指基金拥有的所有资产（包括股票、债券、银行存款和其他有价证券等）按照公允价格计算的资产总额。总负债是指基金运作及融资时所形成的负债，包括应付给他人的各项费用、应付资金利息等。基金单位总数是指当时发行在外的基金单位的总量。

基金估值是计算单位基金资产净值的关键。基金往往分散投资于证券市场的各种投资工具，如股票、债券等，由于这些资产的市场价格是不断变动的，因此，只有每日对单位基金资产净值重新计算，才能及时反映基金的投资价值。

投资开放式基金的原则

投资开放式基金要把握好以下几条基本原则。

一、充分考虑投资风险，运用家庭闲置资金购买基金

一定要根据自己的资金实力和家庭风险承受度，来决定购买基金资产占家庭资产比例，以及拟选择基金产品的投资风格。必须知道自己的投资目标是什么，期限有多长，能承担多大的投资风险。对不同基金公司的投资风格、以往业务表现及费率水平等有正确的了解和判断。

二、关心基金的基本面

选择好的基金公司。历史业绩良好、管理规范的基金公司是选择基金需要优先考虑的原则。虽然基金评级考察了基金的主要方面，但对于稳健的投资者来说，如果只看收益指标，只有客观评价，有过于单一化的风险。收益能力、收益持续能力、风险控制能力，归根到底都是基金综合实力的体现，而这种能力就不仅仅是客观业绩指标可以完全反映的，而是与基金背后的基本面因素有关。

三、长期投资

开放式基金是中长期投资品种，是分享资本市场长期成长的有效途径，并不适宜短线炒作。评价基金的业绩，要放在一个较长的时间段内考察，只有经得起时间考验的基金，才是真正值得投资的基金。短期频繁地申购、赎回，不仅投资成本高，而且难以获得预期回报。

四、风险控制能力强

基金的风险控制能力不太受普通投资者关注，这在一定程度上是因为投资者缺乏对风险的直观认识，也缺乏能够准确衡量风险因素的评估手段。

基金管理人面对的市场风险、估值风险、流动性风险，从投资者的角度统一体现为净值波动风险。从投资者的角度来说，只有下跌才意味着真正的风险。德胜基金评级采用下行风险指标，即当基金收益率低于无风险的定期存款利率时才被计入风险。对基金投资者来说，这是一个比较准确和容易理解的风险衡量标准。

开放式基金的转托管及注意事项

转托管是指投资者同一基金在不同托管点（不同销售商及同一销售商的不能通存通兑的城市或分行）之间实施的所持基金份额托管机构变更的操作。基金持有人在变更办理基金申购与赎回等业务的销售机构（网点）时，销售机构（网点）之间不能通存通兑的，可办理已持有基金单位的转托管。

投资者申请转托管需从转出机构提交转出申请，再在转入机构提交转入申请，经注册登记人确认后，投资者可以将一个托管点部分或全部份额转托管，投资者在办理转托管转出时要缴纳转托管手续费，在办理转托管转入时不再收取转托管手续费。

投资者如果将托管在场外（代销机构）的基金份额转至交易所场内，在办理跨系统转托管之前，需同基金份额拟转入的证券营业部取得联系，获知该证券营业部在深交所的席位号码。

在核实上述事项后，投资者可在正常交易日到转出方代销机构，按要求办理跨系统转托管业务。这时，投资者需填写转托管申请表，写明拟转入的证券营业部席位号码、开放式基金账户号码、拟转出上市开放式基金代码和转托管数量，其中转托管数量应为整数份。T 日申请跨系统转托管，T+2 日基金份额可以通过场内卖出或赎回。

开放式基金转托管业务的办理过程可分为两步转托管和一步转托管两种方式。两步转托管为基金持有人在原销售机构办理转出手续后，还需到转入机构办理转入手续；一步转托管为基金持有人在原销售机构同时办理转出、转人手续，过户登记确认后自动将基金单位转入持有人指定的销售机构。

一、开放式基金的托管转出

客户本人携带有效身份证、基金账户卡和资金卡亲临柜台填写转托管申请表，注明转入方开放式基金代销机构席位号、客户在转入方开立的基金账号、所转基金的基金代码、转托管的份额数量等，由转出方经办人验证客户身份，办理转托管手续。每个交易日交易时间为9：00－15：00。

需要注意的是，转入方需有该基金代销资格，客户转出前在转出方打印基金账户和基金库存单，照单核对后申请。投资者在办理转托管转出业务后，须在20个工作日内到转入机构办理转入申请。一般情况下，投资者于T日转托管基金份额成功后，转托管份额于T+1日到达转入方网点，投资者可于T+2日起赎回该部分的基金份额。权益登记日的前五天和后三天内，不接受投资人转托管的业务申请。

二、开放式基金的托管转入

客户本人携带有效身份证、开放式基金转托管单，亲临转入方柜台办理开放式基金的托管转入手续，柜员审核后办理转入确认。每个交易日交易时间为9：00－15：00。

需要注意的是，办理转托管业务要求投资者在即将转入的销售机构先开立基金交易账户。转托管后，原托管份额的存续时间，在转到新的托管网点后仍旧连续计算。

投资小技巧

如果你的证券公司具备该基金的代销资格，则可通过场内办理赎回业务；如该证券公司不具备该基金代销资格，则只能在场内卖出或者先办理跨系统转托管到有资格的证券公司或者银行后，再办理赎回。

开放式基金的买卖技巧

在开放式基金日渐受到投资者欢迎的情况下，许多人对于投资开放式基金产生了浓厚的兴趣。其实，投资开放式基金有很多省钱之道，掌握了这些窍门，会使投资顾虑很快烟消云散的。

一、交易费用的节省

购买开放式基金时的申购（认购）费用分为前端收费和后端收费。如果打算仅作短期投资，持有时间在一年以内，前端收费的费用相对较少，大约可节省0.3%的费用。如果计划持有时间为1～2年，前后端收费的差异并不大，但由于可先将交易费用用于投资，显然采用后端收费更为有利，因为持有的时间越长，交易费用将越低。持有时间在四年以上的，大部分基金都将免除交易费用。

投资小技巧

基金首发时的认购费用均会比其后的持续销售中的费用低0.2% ~0.5%。此外，不同类型的开放式基金的交易费用不相同，同一类型的开放式基金的交易费用也有可能有差异，对此投资者可细心甄别。

二、买卖方式的选择

除了一次性买入外，投资开放式基金还可采用类似银行零存整取的投资方式，即定期定额投资方式。只要每月在银行账户存入一定的资金，约定期限内银行将自动扣款买入相应的基金。这种方式特别适合期望获得高回报的工薪阶层。

按照基金公司的规定，认购、申购数额越高，手续费越低。比如某基金申购金额低于50万元时费率为1.5%，高于500万元时费率仅为0.5%，二者相差数倍。根据这一规定，同事、朋友、网友们可以“团结”起来，使一次性购买基金的额度达到享受手续费优惠的金额便有可能节省一大笔费用。另外，目前国内出现了专门的基金团购网，办理该网站指定银行的银联卡，开通“银联通”业务，然后就可以在团购网的指导下购买相关基金，享受团购费率优惠。比如，购买“华夏宝利配置”基金，普通的申购费率是1.2%，通过团购网可以享受0.48%的优惠。

过去认购、申购开放式基金只能到证券公司或银行网点才能办理，现在工行、招行等金融机构都推出了“网上基金”业务，且银行对网上基金交易都有一定的优惠政策：从网点开立基金账户一般要缴纳一定的开户手续费，而在网上自助开立基金账户则是免费的；网上认购、申购开放式基金可以享受一定的手续费折扣，比如，通过某银行“银基通”购买开放式基金，申购费最多可以打4折。最关键的是网上购买基金可以节省大量的时间，对于现代人来说，节省时间就等于创造“金钱”。

三、巧妙利用伞形基金

由于伞形基金内各基金转换条件宽松甚至免费，因此可以利用伞形基金巧妙节省费用。如打算购入景顺长城系列下的景顺长城优选股票型基金，直接购买申购费用为1.5%；为节省费用，可先买入景顺长城系列下的景顺长城恒丰债券型基金，申购费用为0.8%，然后再将债券型基金转换成景顺长城优选股票型基金。由于转换免费，实质可节省申购费用0.7%。

四、避免频繁交易

开放式基金的申购和赎回费用合共一般高达2%左右，高于封闭式基金和股票的交易费用。若过于频繁地进行买卖无形中将大大增加投资成本。因此投资者应尽量树立长线投资的理念，不能将开放式基金当成股票来买卖，不能有短期暴富的心理。持有的时间越长，相关的交易费用越少，获取的投资回报也可能越高。

五、红利再投资节省申购费

基金投资者可以选择两种分红方式，一种是现金红利，另一种是红利再投资。为鼓励大家继续投资，基金公司对红利再投资均不收取申购费，红利部分将按照红利派现日的每单位基金净值转化为基金份额，增加到投资人账户中。这种方式不但能节省再投资的申购费用，还可以发挥复利效应，从而提高基金投资的实际收益。

开放式基金的风险

任何投资都要冒一定的风险，开放式基金也不例外。开放式基金由于其在交易过程中涉及面广，所要面临的风险也很多。投资开放式基金主要有以下几类风险。

一、市场风险

开放式基金投资于股票和债券，股票和债券价格的波动将直接影响着开放式基金的净值的变化，因此，开放式基金同样具有市场风险。

二、流动性风险

任何一种投资工具都存在流动性风险，亦即投资人在需要现金时面临的变现困难和不能在适当价格上变现的风险。但开放式基金与其他投资工具的流动性风险并不一样。由于基金管理人在正常情况下必须以基金资产净值为基准承担赎回义务，投资人不存在由于在适当价位找不到买家的流动性风险，但当开放式基金面临巨额或较大额赎回时，由于基金持有的证券较集中或者市场整体的流动性不足，基金变现资产，导致净值损失，就是开放式基金的流动性风险。

三、管理风险

管理风险指基金管理运作的各当事人，由于知识、经验、判断、决策、技能等原因，影响了基金投资管理及收益水平，从而给基金投资人带来的风险。投资者将不得不面临基金公司监管机制不健全所带来的风险。可能会出现基金公司用投资者的钱给自己牟利的情况。尽管华安创新采用日公布资产状况的方式，这有力地减少了“基金黑幕”发生的可能，但对基金管理公司的监管问题仍是证券市场发展的核心问题，也是投资者所要面临的主要风险。

四、经营风险

经营风险指基金管理运作的各当事人，由于自身经营不善，导致经营亏损或破产，从而给基金投资人带来的风险。

另外，投资开放式基金还必须承担高手续费经营的风险。普遍认为，现有开放式基金手续费太高。以一个买入卖出过程计算，开放式基金的手续费比封闭式基金高三倍。这意味着开放式基金的经营难度极大，因为只有更好地经营，才有可能为投资人提供可观的回报。但由于经营收益的一部分已作为手续费被“吃”掉了，所以，想从开放式基金获高收益更难。

基金投资实例：申购和赎回开放式基金

与封闭式基金不同的是，开放式基金不能在证券交易所挂牌交易。因此，投资者要想买入或者卖出基金份额的话，只能直接从基金公司或其选定的基金代销机构进行申购或赎回。投资者申购或赎回基金，一般按照基金当天对外公布的单位资产净值，再加上或者减去手续费进行。

以 ABC 开放式基金为例，申购份额在 1 000 万元以下的，申购费率为 1.5%；1 000 万元以上的，申购费率为 1.2%。赎回费率不分金额大小，一律为 0.5%。申购费可以在申购基金时收取，也可以在赎回时从赎回金额中扣除。

2015 年 3 月 2 日，投资者要申购 10 万份 ABC 开放式基金，当日该基金单位资产净值为 1.028 元，那么该投资者须支付的金额为 10 × 1.028 × （1 + 1.5%） = 10.434 2（万元）。一个月以后，ABC 开放式基金的单位资产净值涨到 1.058 元，这时，该投资者要把其先前购买的 10 万份基金全部赎回，那么，该投资者可以拿到的金额为 10 × 1.058 × （1 − 0.5%） = 10.527 1（万元）。

一般来说，基金投资者持有基金的期限越长，赎回费率越低，这主要是为了鼓励投资者进行长期投资，不要经常赎回。

基金投资实例：开放式基金的省钱妙招

何女士通过场外申购，即通过银行柜台申购了 10 万元的 LOF 基金。按照申购当日的基金单位净值 1.632 5 元、对应申购费率 1.5% 计算，根据新的申购费计算方法，何女士需要交纳的申购费用 = 申购金额 ÷ （1 + 申购费率） × 申购费率 = 100 000 ÷ （1 + 1.5%） × 1.5% = 1 478（元），剩下的净申购金额 = 申购金额 ÷ （1 + 申购费率） = 100 000 ÷ （1 + 1.5%） = 98 522（元），则其可得到的份额 = 净申购金额 ÷ 基金净值 = 98 522 ÷ 1.632 5 = 60 350（份）。

邓先生选择了在场内申购，即像炒股一样通过证券交易所买入这只基金。邓先生买入这只基金的价格将按其当日的收盘价 1.615 8 元计算，并且在交易过程中不需要支付申购和赎回费用，只需要支付一定比率的券商佣金。

按照对应券商佣金比率为 0.2% 计算，同样获得 60 350 份该基金份额，邓先生需要支付的券商佣金 = 挂牌价格 × 申购份额 × 券商佣金比率 = 1.615 8 × 60 350 × 0.2% = 195（元），需要支付的总申购金额 = 挂牌价格 × （1 + 券商佣金比率） × 申购份额 = 1.615 8 × （1 + 0.2%） × 60 350 = 97 709（元）。

最终，同样拥有 60 350 份该 LOF 基金，何女士需支付 100 000 元，而邓先生只需支付

97 709 元，省了 2 291 元。

分析点评

出于对银行的信任，大部分的基金投资者都是通过银行购买基金的。其实，除了银行，还有很多购买基金的渠道。例如，案例中的邓先生就是通过交易所在二级市场购买的 LOF 基金，不仅交易成本低，而且更便利。LOF 基金在二级市场的交易过程中，需要支付的成本主要就是券商佣金，通常来说，买卖一个来回费率最多只有 0.5%，而如果是在一级市场申购、赎回，需要支付的费用则与普通开放式基金相同约为 2%（申购费用约为 1% ~1.5%、赎回费用约为 0.5%），这样，整个买卖过程可省下约 1.5% 的交易成本。如上例中，何女士需缴纳的申购费用为 1 478 元，而邓先生购买同样多的基金份额，只需要支付 195 元的券商佣金。

这里，投资者需要注意的是，虽然 LOF 基金在二级市场上的交易成本低，但银行柜台系统的交易成本会随着基金持有时间不同而有所调整，如果时间足够长的话，二者将渐趋一致。

除去成本上的优势外，LOF 基金在二级市场上的流动性与股票类似，即在二级市场上卖出后，资金 T+1 日就可以到账，而如果是在一级市场上赎回，资金到账的时间则需要 T+3 日以上。

此外，通过交易所等二级市场购买 LOF 基金，有机会以低于基金净值的价格买入同一只基金。这是因为，LOF 基金的二级市场价格像封闭式基金一样，是受供求关系影响的，所以与基金净值并不相同，而且，其交易价格还很有可能低于基金净值。上例中，何女士在一级市场买入，需按当日基金净值 1.632 5 元申购，而邓先生在二级市场交易，其当日收盘价格只有 1.615 8 元。

王茹远操盘实录：瞄准成长股逆市建仓

人物介绍

王茹远，硕士研究生，2003—2007 年先后在腾讯、TOM 工作；2007 年 12 月至 2011 年 7 月就职于海通证券股份有限公司，担任首席分析师；2011 年 7 月加入宝盈基金管理有限公司，担任核心研究员，后担任宝盈核心优势灵活配置混合型证券投资基金的基金经理和宝盈策略增长股票型证券投资基金的基金经理；2014 年 10 月离开公募基金，改投私募，现任上海宏流投资管理有限公司董事长、法人代表。

王茹远拥有计算机硕士学位，在进入证券行业前，曾先后在腾讯、TOM 等互联网公司任职。凭借在这两家公司的从业经历，其获得了海通证券 TMT 研究员的职位，担任海通证券的互联网与传媒行业分析师。

可以说，王茹远是国内少有的一个具有互联网工作背景的基金经理，这一独到优势在其担任宝盈核心优势基金经理后更展现得淋漓尽致。她比其他基金经理更能准确地理解科技股的商业模式和投资价值，在科技、网络、媒体领域的投资操作也更加独到、更具前瞻性。

2012 年 6 月 30 日，王茹远任宝盈核心优势灵活配置混合型证券投资基金的基金经理。上任伊始，王茹远便快刀斩乱麻，将基金原先的持仓组合大幅调整，重仓股由原先的机械设备、医药等行业个股变为科大讯飞、赛为智能、朗玛信息等成长股和金融股，整体配置由权重股转向小盘股，策略由分散投资转为集中投资重配个股，投资风格更为强调进攻性。

在当时低迷的市场上，吸纳这些“非主流”个股似乎颇为冒险，但这些股票却正是推动宝盈核心优势净值上涨的核心因素之一，尤其是科大讯飞，至今仍然是王茹远舍不得卖掉的重仓股。

大多数基金经理奉行的投资策略是自上而下，海外市场、宏观经济、流动性、政策等都会影响其选股的大方向。而王茹远却认为，在当今的市场上，传统的宏观策略基本上完全失灵，无论怎样预测 GDP、CPI、信贷数据，都不能有效指导投资。

一年零一个月的时间，宝盈核心优势基金从一只单位净值不到 0.7 元、规模不足 1 亿元的“小危”基金，迅速成长为净值增长超过 50%、业绩称冠混合型产品、规模突破十亿元的“明星”基金。完成这个惊人的飞跃，与基金经理王茹远的任期完全吻合。在此之前，王茹远虽是业内小有名气的 TMT 行业研究员，但并无基金管理经验。从“菜鸟新人”到“半程冠军”，王茹远仅用了一年零一个月的时间。随着投资业绩受到肯定，王茹远也在 2013 年 8 月 1 日起开始管理另一只基金——宝盈策略增长基金。宝盈策略增长基金在王王茹远任期内同样表现不俗：任职回报达 46.53%，资产净值增长 106.43%。

2014 年 10 月，王茹远离开公募基金，改投私募，现任上海宏流投资管理有限公司董事长、法人代表。上海宏流注册资金为 1 000 万元，公司类型为有限责任公司（国内合资），经营范围为：投资咨询，商务信息咨询，企业管理咨询，金融信息咨询等。

操盘分析

王茹远认为，股市每年四季度都是资金兑现阶段，这会导致市场震荡加大。然而，危机中总酝酿着转机，股市震荡加剧同样意味着存在入市布局的良好时机。王茹远非常看好 2015 年，她认为 2015 年是大盘蓝筹股和优秀小盘成长股双头并进的一年，也应该是 2009 年之后赚钱效应最好的一年。所以，2014 年年底，王茹远开始为自己的私募产品筹谋布局。

历数历年来的牛市，恐怕就属 2014 年 12 月这一月的市场风格切换最为猛烈：券商带动金融股、金融股带动股指，连续暴涨，成交量放大。市场板块轮换不断提速，第一天还在券商，第二天就换成了“一带一路”，第三天变成军工，第四天又集中在了有色、煤炭……与此同时，成长股则迎来了大幅杀跌。

当各路资金都在跑步进场逐利“疯牛”行情时，王茹远在浮躁的市场情绪中保持着冷静。她坚定地认为，成长股在去泡沫后将重新受到市场追捧，一批优质的成长股会触底反弹创出新高。于是，王茹远果断出手，旗帜鲜明地建仓以互联网为核心的成长股。实际上，在王茹远建仓的前两天，成长股依然处于下跌状态。她的同事看着她在跌停板上大量买入这些成长股，难免恐慌，劝说王茹远先别急着下手。可是，随后市场的走势再次验证了王茹远的逻辑，在承受了两三天的回撤后，成长股再次吹响了前进的号角，以迅雷不及掩耳之势向上发力，一发不可收拾地不断创出历史新高。

在收获丰硕果实的同时，王茹远也看到了市场疯狂背后沉淀的“垃圾”和风险。牛市中，在汹涌的进场资金推动下，“优品”在创新高，“垃圾”品种同样在创新高。王茹远所要做的就是筛掉大海里的“垃圾”，捞取10倍以上的“真金”。但是，涨幅越高，系统性的调整就会越大，而且往往就出现在大家最狂欢的时候。

应对接下来的市场行情，王茹远采取“均衡配置、个股犀利”的操作策略，她依然表现出了对以互联网为代表的成长股的信心：“即便这些东西短期会有剧烈波动，波动完之后真正好的东西还会创出历史新高。我要做的就是在市场最贪婪的时候少吃一点，然后在市场恐慌的时候坚持一下。”

对于其长期的工作发展规划，王茹远更是看好未来几年财富管理市场的大飞跃，希望为中国经济转型、创业、创新做一些事情，想做陪伴优秀企业发展的长期战略投资者。这一点在朗玛信息的定增公告中已经得到了践行，上海宏流投资一举拿下3.5亿元额度，锁定三年。王茹远说：“我一贯言行一致，真正好的品种很少，极品品种看好就要重仓，尽管短期也会波动，但长期来看，坚定持有往往才是收益率最大的。”

第四章

看准时机
——封闭式基金的投资技巧

封闭式基金与股票类似，竞价成交、折价交易，即基金的成交价格与基金净值相比可能会出现折价或溢价的情况。与开放式基金相比，封闭式基金的发行总额是事先确定的，发行后基金规模固定不变。

第一节　认识封闭式基金

封闭式基金是指基金的发起人在设立基金时，限定了基金单位的发行总额，筹足总额后，基金即宣告成立，并进行封闭，在一定时期内不再接受新的投资。基金单位的流通采取在证券交易所上市的办法，投资者日后买卖基金单位，都必须通过证券经纪商在二级市场上进行竞价交易。

什么是封闭式基金

开放式基金不上市交易，一般通过银行申购和赎回，基金规模不固定，基金单位可随时向投资者出售，也可应投资者要求买回的运作方式；封闭式基金有固定的存续期，期间基金规模固定，一般在证券交易场所上市交易，投资者通过二级市场买卖基金单位。封闭式基金就是在一段时间内不允许再接受新的入股票以及提出股份，直到新一轮的开放，开放的时候可以决定你提出多少或者再投入多少，新人也可以在这个时候入股。一般开放时间是一周而封闭时间是一年。

封闭式基金属于信托基金，是指基金规模在发行前已确定、在发行完毕后的规定期限内固定不变并在证券市场上交易的投资基金。自从20世纪90年代初至今，中国已成立54只封闭式基金。由于封闭式基金在证券交易所的交易采取竞价的方式，交易价格受到市场供求关系的影响而并不必然反映基金的净资产值，即相对其净资产值，封闭式基金的交易价格有溢价、折价现象。国外封闭式基金的实践显示其交易价格往往存在先溢价后折价的价格波动规律。

封闭式基金的折价

在选择封闭式基金时，还有一个重要的指标，就是折价率。折价率是基金交易价格与基金净值之间的折价比率，其计算公式如下：

折价率 =（单位基金净值 - 单位基金市价）÷单位基金净值×100%

根据此公式，折价率大于0（即净值大于市价）时为折价，折价率小于0（即净值小于市价）时为溢价。折价率不仅是封闭式基金的独特景观之一，同时也是诸多价值型投资者进行投资决策时的重要判据。

封闭式基金的折价率与在商店买东西打折是一个概念，但在计算方法上有一定的区别。例如，在商店买东西打8折，表示10元的东西卖8元；如果封闭式基金的折价率为80%，则表示基金净值与交易价格差为80%，也就是说，净值为1元的基金交易价格为0.2元。对封闭式基金来说，市价低于基金净值，存在一定的折价率属于正常情况。但在大牛市中，也会出现溢价情况，即基金净值为1元，交易价格为1.6元，这时折价率就变成了溢价率。

一、封闭式基金折价的原因

封闭式基金因在交易所上市，其买卖价格受市场供求关系影响较大。当市场供小于求时，基金单位买卖价格可能高于每份基金单位资产净值，这时投资者拥有的基金资产就会增加，即产生溢价；当市场供大于求时，基金价格则可能低于每份基金单位资产净值，即产生折价。现在封闭式基金的折价率仍较高，大多在20%～40%，其中到期时间较短的中小盘基金折价率低些。

对同一只基金来说，当然是在折价率高时买入时要好；但挑选基金不能只看折价率，而是要挑选一些折价率适中、到期时间较短的中小盘基金。按国内和国外的经验来看，封闭式基金交易的价格存在着折价是一种很正常的情况。折价幅度的大小会影响到封闭式基金的投资价值。除了投资目标和管理水平外，折价率是评估封闭式基金的一个重要因素，对投资者来说高折价率存在一定的投资机会。封闭式基金运行到期后是要按净值偿付或清算的，所以折价率越高的封闭式基金潜在的投资价值就越大。

投资小技巧

投资者得根据自己的投资偏好、风险承受能力，对基金公司、基金经理的了解信任程度，对大市的长期判断结果来决定买什么样的基金。封闭基金折价率的内涵是这样的：以基金净值为参照，基金价格相对于基金净值的一种折损。所以分母应该是净值，而非价格。

二、影响折价率的因素

折价率是由投资者对基金的认可程度决定的，这种认可程度受到基金管理水平、市场行情、基金到期日、分红潜力、特殊事件等因素的影响。

1. 基金管理水平

管理水平高、规模大的基金，具有更强的持续盈利能力。购入这种基金的风险小，折价率也比较低。相对来说，一些小型基金公司发行的小盘基金或盈利能力差的基金，其折价率就比较高。

2. 市场行情

在牛市行情中，基金的盈利增加，市场人气聚集，因此会有大量投资者买入基金，推动基金市场价格上涨，基金的折价幅度也会相应地减小。相反，在熊市行情中，基金的折价率就比较高。

3. 基金到期日

随着基金到期日的临近，基金净值出现大幅波动的可能性越来越小，这时市场上的交易价格会慢慢地接近基金净值，折价率也会相应地减少，最后缩小到零。

4. 分红潜力

封闭式基金分红意味着有一部分资金可以提前变现，这会使基金的交易价格上升。而基金净值由基金业绩决定，基金业绩不会因为分红而增加。所以，当封闭式基金可能出现大比例分红时，交易价格常常会向基金净值靠拢，折价率会变小。

5. 特殊事件

当一只基金出现“封闭转开放”“基金提前清算”“基金要约收购”“基金单位回购”等特殊事件时，基金的交易价格会向基金净值靠拢，折价率也会相应减小。

封闭式基金的业绩和分红

封闭式基金虽然不直接以净值交易，但在二级市场上的交易价格是以净值为基础的。基金净值又与基金的业绩密切相关。因此，基金的业绩表现是投资者选择封闭式基金的首要标准。

封闭式基金业绩的评价方法与其他类型基金品种的类似，主要看基金的历史业绩、过去的操作记录等。投资者考查基金业绩应该参考几个指标，具体是基金净值、累计净值、基金的历史分红记录。

一、基金净值和累计净值

封闭式基金的基金净值和累计净值，与开放式基金的相同。基金净值代表单位基金当前所表示的资产金额；累计净值代表基金自发行以来每个基金单位创造的总价值，是当前基金净值与历史分红总额之和。

投资小技巧

基金净值和累计净值两个指标可以帮助投资者分析基金的盈利能力。较高的基金净值代表更多的单位基金资产，基金价值更高。成立时间相同的两只基金，如果一只基金的累计净值较高，就代表这只基金历史上获得了更多的收益，这种收益能力很可能持续到以后的基金运作过程中。

二、基金分红

除了基金净值和累计净值外，基金分红也是反映基金盈利能力的重要指标。一只基金进行大比例分红说明了该基金运作良好、资金充裕、具有长期增值能力。

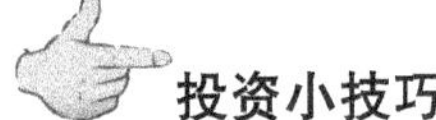

投资小技巧

对于不能自由赎回的封闭式基金来说，基金变现有很重要的价值。因此，在每次基金业绩报告公布之前，那些具备大比例分红潜力、良好分红历史的基金会受到热烈追捧，从而造成其交易价格上涨。

封闭式基金的收益分配

基金净收益是指基金收益扣除按照有关规定可以在基金收益中扣除的费用后的余额，包括基金投资所得红利、股息、债券利息、买卖证券差价、银行存款利息以及其他收益。此外，因为运用基金资产带来的成本或费用的节约也应计入基金收益中。基金收益分配需要符合的条件如图 4-1 所示。

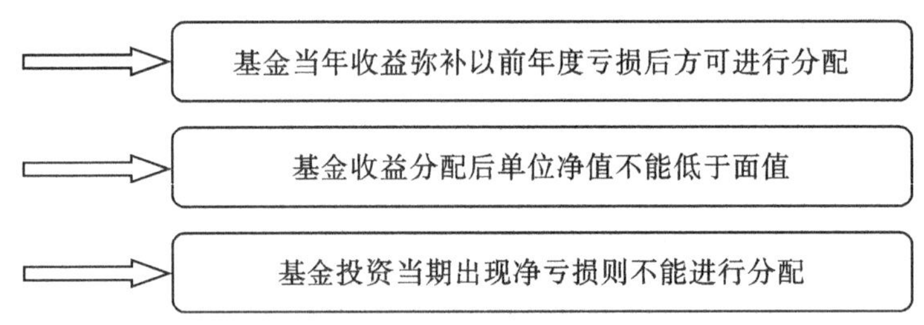

图 4-1　基金收益分配需要符合的条件

在符合以上分红条件的前提下，根据有关法律规定，封闭式基金的收益分配每年不得少于一次，封闭式基金年度收益分配比例不得低于基金年度已实现收益的 90%。封闭式基金当年收益应先弥补上一年的亏损，如当年发生亏损则不进行收益分配。封闭式基金一般采用现金分红方式。

投资小技巧

对于开放式基金来说，分红的方式可选择领取现金或是红利再投资。红利再投资方式是将应分得的现金收益直接用于转购基金单位，相当于上市公司以股票股利形式分配收益。而封闭式基金一般在存续期内不再新发基金，因此其分红只能选择现金方式。

如何区分开放式基金与封闭式基金

封闭式基金是相对于开放式基金而言的，是指基金规模在发行前已确定，在发行完毕后和规定的期限内，基金规模固定不变的投资基金。封闭式基金和开放式基金的主要区别如表 4-1 所示。

表 4-1 封闭式基金和开放式基金的主要区别

项目	封闭式基金	开放式基金
交易场所	沪深证券交易所	基金公司或银行等代销机构网点，部分基金可以在交易所上市交易
基金存续期限	有固定的存续期	没有固定的存续期
基金规模	固定额度，一般不能增加发行	规模不固定，但有最低规模要求
赎回限制	不能直接赎回，须通过上市交易套现	可以随时提出购买或赎回申请
价格决定因素	由市场供求关系决定	依据基金的资产净值而定
分红方式	现金分红	现金分红、再投资分红
费用	交易手续费为成交金额的 0.25%	申购费不超过申购金额的 5%，赎回费不超过赎回金额的 5%
投资策略	不可赎回，无须提取准备金，能够充分运用资金进行长期投资，取得长期经营绩效	随时面临赎回压力，须更注意流动性等风险管理，长期投资受到一定限制；要求基金管理人具有更高的投资管理水平
信息披露	单位资产净值每周至少公告一次	单位资产净值于每个开放日进行公告

一、基金规模的可变性不同

封闭式基金均有明确的存续期限（中国为不得少于五年），在此期限内已发行的基金单位不能被赎回。虽然特殊情况下此类基金可进行扩募，但扩募应具备严格的法定条件。因此，在正常情况下，基金规模是固定不变的。而开放式基金所发行的基金单位是可赎回的，而且投资者在基金的存续期间内也可随意申购基金单位，这导致基金的资金总额每日均不断地变化。换言之，它始终处于“开放”的状态。这是封闭式基金与开放式基金的根本差别。

二、基金份额的买卖价格形成方式不同

封闭式基金因在交易所上市，其买卖价格受市场供求关系影响较大。当市场供小于求时，基金份额买卖价格可能高于每份基金份额资产净值，这时投资者拥有的基金资产就会

增加；当市场供大于求时，基金价格则可能低于每份基金份额资产净值。开放式基金的买卖价格是以基金份额的资产净值为基础计算的，可直接反映基金份额资产净值的高低。在基金的买卖费用方面，投资者在买卖封闭式基金时与买卖上市股票一样，也要在价格之外付出一定比例的证券交易税和手续费；而开放式基金的投资者需缴纳的相关费用（如首次认购费、赎回费）则包含于基金价格之中。一般而言，买卖封闭式基金的费用要高于开放式基金。

三、买卖方式不同

封闭式基金发起设立时，投资者可以向基金公司或销售机构认购；当封闭式基金上市交易时，投资者只能委托券商在证券交易二级市场上买卖。而投资者投资于开放式基金时，可以随时向基金公司或销售机构申购或赎回。

四、激励机制与投资策略不同

封闭式基金由于规模固定，不能随时被赎回，其募集到的资金可全部用于投资，这样基金公司便可以制定长期的投资策略，有利于取得较好的长期回报。而开放式基金则必须保留一部分现金，应对投资者随时可能发生的赎回，募集到的资金无法全部用于长期投资。但从另一方面来看，开放式基金因为规模不固定，只有将基金业绩做到足够好，才能吸引投资者申购从而保持较大的规模，因而人们通常认为，开放式基金更有动力追求高的业绩。

第二节　封闭式基金的投资技巧

封闭式基金在证券交易所的交易采取竞价的方式，因此交易价格受到市场供求关系的影响而并不必然反映基金的净资产值，即相对其净资产值，封闭式基金的交易价格有溢价、折价现象。

封闭式基金如何开户

由于封闭式基金成立之后不能赎回，除了成立之时投资者可以在基金公司指定的单位购买之外，整个封闭期都只能在二级市场上进行交易，直至到期日。

封闭式基金发行结束后，就不能按基金净值买卖，投资者可委托券商（证券公司）在证券交易所（二级市场）按市价买卖。

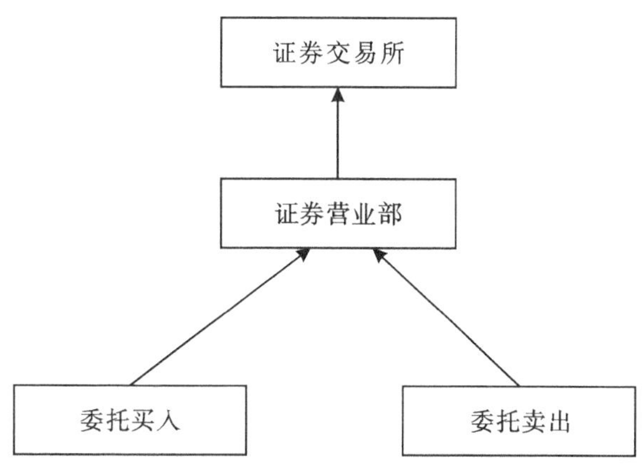

图 4-2　通过证券公司开户流程图

网上委托开户操作流程如下。

（1）客户开户申请。客户在开立个人资金账户后，阅读《网上证券委托交易协议书》（一式两份）并签字，填写《开户申请表》各两份。如未开立资金账户须先行开立资金账户（见前文开户操作流程）。

（2）验证。客户需提供本人的证券账户、身份证原件及复印件各一份。

（3）开户处理。对符合开户规定的客户，柜台开户人员向客户发放网上交易的 CA 证书（客户应注意及时修改证书使用密码），请客户在《客户开户回单》上签字。

基金的封转开

基金的封转开是指将证券市场交易的封闭式基金转为可以直接按净值申购和赎回的开放式基金。根据基金契约，封闭式基金都规定了固定的存续期。封闭式基金到期后，应该清算，投资者可以拿回基金净值，基金结束。但大多数基金公司不愿意一只基金就此结束，因此基金的封转开就成了大多数到期封闭式基金的选择。

封闭式基金都有相应的存续期限，且这个期限不能少于五年，大部分封闭式基金的期限是十五年。封闭式基金到期后，通常有三种处理方式：第一种是清盘，即按基金净值扣除一定费用后退还给投资者；第二种是转为开放式基金，按照开放式基金的方式继续运作；第三种是延长存续期，但这种方式很少应用。

在封闭式基金转换为开放式基金时要进行份额折算，基金管理人将在基金集中申购验资结束日，按当日基金份额净值对原封闭式基金进行份额折算。折算后，基金份额净值为 1.0000 元。对于基金份额持有人因暂未进行份额托管等原因产生的未领取现金红利，基金管理人将在基金集中申购验资结束日即原基金份额持有人基金份额折算日按 1.0000 元将该持有人的未领取现金红利自动折算为基金份额，记入基金份额持有人的相关账户。因此，在封闭式基金转换之前买入封闭式基金，若在买入后到转为开放式基金打开这段期间，基金净值没有太大下跌风险的话，买入封闭式基金将会有不错的套利机会。

投资小技巧

封闭式基金的市价和基金净值在大多数情况下存在差额，即封闭式基金的折价和溢价。一般情况下，对于将要到期清算的基金，市场供求关系会自动调整这个差价。所以，投资者一定要关注基金的封转开，并及时参与由此带来的投资机会。另外，我们常常把封转开的基金看作新上市的基金。

封闭式基金的交易技巧

一、选择折价率较大的基金

在过去很长一段时间内，我国的封闭式基金都是在折价交易，折价率一度高达50%以上。造成折价交易的原因有很多，主要的原因有：第一，封闭式基金到期后处理方案的不确定性，如果到期后选择清盘，那么集中抛售股票就会导致基金资产缩水；第二，对封闭式基金激励机制的质疑，封闭式基金没有赎回压力，因此会被投资人认为没有足够的动力去追求良好的业绩回报。此外，市场行情和投资者认识上的误区也是导致封闭式基金折价交易的原因。

由于封闭式基金的价格是由市场交易双方供求关系决定的，交易价格经常会与基金净值之间发生偏差。投资封闭式基金尽量要选择折价的基金，折价率越高蕴含的价值回归趋势就越明显。

二、选择小盘封闭式基金

注意选择小盘封闭式基金，特别要注意小盘封闭式基金的持有人结构和十大持有人所占的份额，如果基金的流通市值非常小，而且持有人非常分散，则极有可能出现部分主力为了争夺提议表决权进行大肆收购，导致基金价格出现急速上升，从而为投资者带来短线快速盈利的机会。

三、关注封闭式基金的分红潜力

作为基金的一种，封闭式基金具有集合资金、共担风险、共同分享投资收益等特点，是比较好的中长期投资产品。封闭式基金的获利主要来自买卖差价收入和基金分红收入。

想要将封闭式基金兑换非常方便，只要像卖出股票一样将其份额卖出即可，但是封闭式基金不像开放式基金那样可随时将其实际的价值兑现。封闭式基金的价值兑现是一个相对漫长的过程，只能到封闭期结束时才能完全体现。封闭式基金的每一次分红都相当于将这部分价值提前赎回给了投资者，因此分红可能性大的基金更有投资价值。

四、关注基金重仓股的市场表现和股市未来发展趋势

同样是因为封闭转开放以后，基金的价格将向其价值回归。所以，基金的未来涨升空

间将和基金重仓股的市场表现存在一定关联。如果未来市场行情继续向好，基金重仓股涨势良好，会带动基金的净值有继续增长的可能，将使得基金更具有投资价值。

五、控制风险

在具体操作中，投资者应构建多只封闭式基金的组合，这样才可以有效分散因个别基金管理不当造成的风险。封闭式基金的风险包括宏观经济导致的系统性风险，控制这种风险的方法只有把握好入市和出市的时点。此外，也应充分注意消息面的变化，如基金的“封转开”，一旦消息面向不利方向转化，我们还应果断处置。

投资小技巧

投资封闭式基金要克服暴利思维，如果基金出现快速上涨行情，要注意获利了结。按照目前的折价率进行计算，如果封闭式转开放的话，其未来的理论上升空间应该在22%～30%，当基金上涨幅度过大，接近或到达理论涨幅时，投资者要注意获利了结。

如何判断封闭式基金的投资价值

判断封闭式基金的投资价值，归结起来主要有八点，具体如表4-2所示。

表4-2 判断封闭式基金的投资价值

方式	分析
内部收益率	以到期进行清算获取收益对封基进行绝对估值，估值方法采用现金流贴现法，计算基金价格向净值回归过程中的投资价值
基金未来分红派现能力	基金分红必须满足两个条件“基金单位净值在1.0000元以上”和“基金每基金份额可分配收益为正”，该指标主要考查基金净值持续增长情况
基金历史净值增长水平及稳定性	历史净值增长情况和稳定性虽然不能完全说明未来的情况，但是基金投资思路的延续性和连贯性，必然影响未来收益水平
持仓结构及重仓股成长能力	股票型基金最重要的利润来源即是股票投资收益，因此对于基金持仓结构和重仓股成长能力的分析就尤为重要
市场表现及换手率	通过分析封闭式基金二级市场表现和换手率变化，了解基金投资者的持有成本的变化，可以更好地判断基金未来市场走势
持有人结构	封基投资以机构为主，分析持有人机构的变化，可以大致判断基金品种的特点和未来的可能变化

（续表）

方式	分析
基金公司综合水平	投资基金，归根结底就是投资基金管理人，就是投资基金投研团队的历史业绩和运作能力
基金评级参考	选择目标品种时可以参考一些机构评级中的相关指标

如何挑选封闭式基金

在挑选封闭式基金时要注意以下几项。

一、市净率上升空间相对较高的品种

在较长的一段时期内，封闭式基金的市净率和其规模有着较强的负相关关系，而在同规模基金中，不同基金的市净率也保持着一个比较稳定的相对强弱关系。因此投资者在以市净率为依据选择基金时，需要考虑的是该基金市净率的相对上升空间，而非折价情况。

二、有中期分红可能的基金

相关基金管理条例规定，基金分红后单位净值不得低于面值。为了稳妥起见，基金在分红时必须先弥补上一年度的亏损。

三、选择净值运营较好的基金

从市场运行形势以及市场运行的规则来看，强者越强的趋势在短期内应该不会有大的改变，因此，在同样的情况下，我们选择基金时有必要优先考虑那些自今年年初以来单位净值增长良好的基金。

如何买卖封闭式基金

由于封闭式基金成立之后不能赎回，除了成立之时投资者可以在交易所或者指定单位购买之外，一旦封闭式基金成立，投资者只能在证券公司通过交易所平台像买卖股票一样买卖。封闭式基金是交易所的一个交易品种，所以投资者只要拥有证券账户，就可以很轻松地像购买股票一样购买封闭式基金。

对于没有证券公司股东账户的市民来说，只要带身份证去任意一家证券公司开设股东账户，然后开设资金账户，存入保证金（或者在银行办理银证通业务后把保证金存入银行），就可以买卖封闭式基金。

在完成开户准备之后，市民就可以自行选择时机购买基金。个人投资者可以带上代理行的借记卡和基金交易卡，到代销的网点柜台填写基金交易申请表格（机构投资者则要加盖预留印鉴），必须在购买当天的15：00以前提交申请，由柜台受理，并领取基金业务回执。在办理基金业务两天之后，投资者可以到柜台打印业务确认书。

封闭式基金进入封闭期后，就可能通过证券公司在证券交易所（二级市场）按市价买卖了。

买卖封闭式基金的流程如图 4-3 所示。

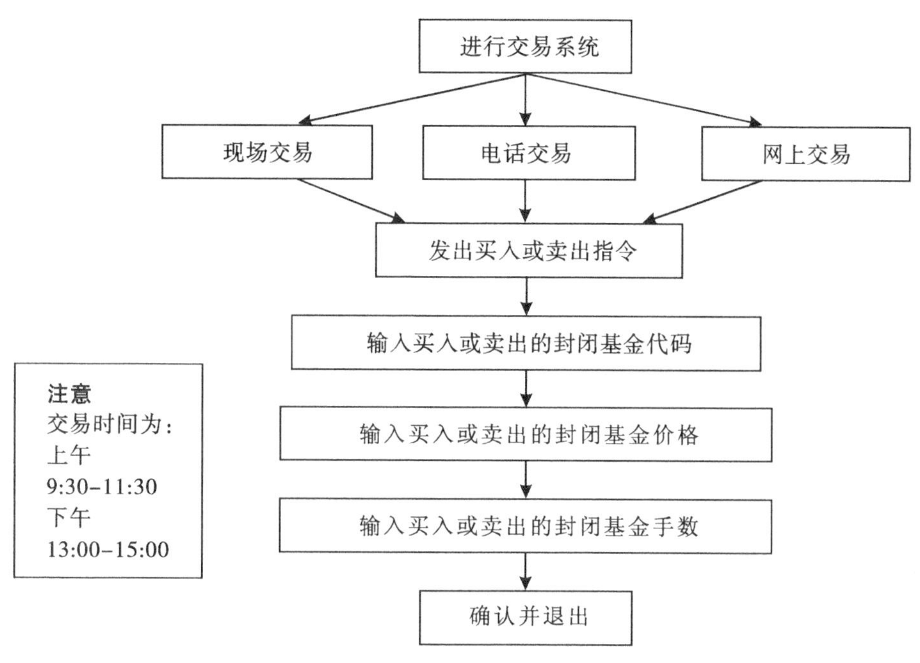

图 4-3 买卖封闭式基金的流程

投资小技巧

在没有成交之前是可以撤销的，成交后则不能撤销；买入成交后只能第二个交易日卖出，卖出成交后可以在当日买入。

封闭式基金的套利交易

就目前市场的投资品种而言，能买到打折的金融产品只有封基了。开放式基金也好，理财产品也罢，都是按照净值加减手续费申购或赎回的。而封基则全部打折交易，折扣率随到期日的长短而各有不同，但要进行比较，还是要以年化收益率来进行。现有的封基最后的出路都是到期后按每份净值转成开放式基金，这就给打折买入的投资者多了一个套利的空间。如果你的投资预期是三个月，那么就可买打九五折的基金天华。如果三个月后股市上扬，那投资者可以获得更多的收益；如果股市在三个月后下跌，有 5% 折扣的锁定要么不输不盈，要么小亏，这样风险就小。由于 28 个封基到期日不同，投资者完全可以从容地选择不同的到期时段进行投资。

由于在交易所交易，封闭式基金交易价往往与基金净值不一致。交易价高于基金净值时为溢价，低于基金净值时为折价。国内的封闭式基金都为折价交易，幅度大小用折价率表示。由于是折价交易，一旦“封转开”，将为投资者带来套利机会。在我国，封闭式基金一般是折价交易，所以投资者可以利用这部分折价进行到期套利。

例如，在2007年年底前到期的封闭式基金的折价率平均在20%左右，假设投资者现在同时购买净值为1元的开放式基金和净值为1元、折价率为20%的封闭式基金。由于开放式基金是按净值进行申购和赎回的，投资者的成本为1元；而对于封闭式基金来说，投资者的成本仅为0.8元。投资者将两只基金持有到期，由于现在封闭式基金转开放已有先例，两只基金均按净值赎回。假设净值没有任何增长，开放式基金依旧按1元赎回，投资者的收益为0元；而封闭式基金也按1元赎回，投资者的收益为（1－0.8）÷0.8＝25%，这就是封闭式基金的到期套利收益。

投资小技巧

总体上看，目前市场条件下，小盘封闭式基金“封转开”套利操作，能为投资者带来较高的可预见性收益。但在操作中仍应注意对其中包含的风险因素的认识：封闭式基金“封转开”操作时间较长，在此期间，基金净值在不停地随市场波动，如果基金净值发生损失，将减小套利收益。对于封闭式基金来说，它的净值是每周公布一次，因此，信息透明度不如开放式基金。同时，对于那些到期时间还很长的大盘封闭式基金来说，可能面临进一步的折价风险。

基金投资实例：分红为什么不是年年有

小贾是某知名物流公司的一名高级管理者，他对于理财方面比较重视，但是他也不是很了解。2012年12月，小贾在朋友的推荐之下购买了某基金。因为平时工作比较忙，他也没有过多的精力去关注，并且他也从朋友那里听到过基金最好长期持有比较划算，所以平时基本上除了购买的时候会关注一下之外，他很少去看基金的情况。2013年年末的时候，他的手机突然收到了基金公司发来的“基金分红已经到账，请查收”的信息，于是他就专门去银行看了一下账户信息，发现果然多了一笔钱，这让小贾非常高兴，也坚定了长期持有该基金的想法。可是2014年年末的时候，他却一直没有收到基金公司分红的信息，这让他感到非常奇怪。基金分红到底是什么东西呢？为什么第一年有基金分红，第二年就没有了呢？基金分红是不是越多越好？

专家点评

2014年，截至12月25日，全年共有480只基金（A、B、C份额单独计算）累计分红

857 次，累计分红金额为 328.93 亿元，超过 2013 年全年 248 亿元的分红金额。巨额的分红与去年股市一路上涨不无关系，很多投资者被基金分红的额度所迷惑，见到分红很开心，其实基金分红是分了投资者自己的钱。

基金分红是指基金将收益的一部分以现金方式派发给基金投资人，这部分收益原来就是基金单位净值的一部分。因此，投资者实际上拿到的也是自己账面上的资产，这也就是分红当天（除权日）基金单位净值下跌的原因。

虽然按照《证券投资基金管理暂行办法》的规定，基金公司每年最少一次必须以现金形式分配至少 90% 的基金净收益，但是实际上，并不是所有的基金都能够实现基金分红。想要实现基金分红必须要满足三个条件：第一，某基金当年的收益在弥补了以前几年的亏损之后，才可以进行分配；第二，某基金在实施了收益分配之后，基金的单位净值不能够低于面值；第三，如果某基金在投资当期出现了净亏损，那么就不会进行分配，也就是没有基金分红。

基金分红并不是越多越好，投资者应该选择适合自己需求的分红方式。基金分红并不是衡量基金业绩的最大标准，衡量基金业绩的最大标准是基金净值的增长，而分红只不过是基金净值增长的兑现而已。

专家建议，对于开放式基金，投资者如果想实现收益，通过赎回一部分基金单位同样可以达到现金分红的效果；因此，基金分红与否以及分红次数的多寡并不会对投资者的投资收益产生明显的影响。至于封闭式基金，由于基金单位价格与基金净值常常是不一样的，要想通过卖出基金单位来实现基金收益有时候是不可行的。在这种情况下，基金分红就成为实现基金收益唯一可靠的方式。投资者在选择封闭式基金时，应更多地考虑分红的因素。

基金投资实例：封闭式基金投资的喜与乐

30 岁的戴女士是北京市海淀区某中学的英语老师，收入相对稳定。近来，听说封闭式基金的投资者收获颇丰，戴女士很是羡慕。2014 年 4 月初，她拿出 2 万元积蓄买了一只封闭式基金，买的第三天就涨了五分。高兴没几天，逢上股市暴跌，她买的基金也受到影响跌了。她开始郁闷了，封基怎么这么不稳定，自己投资封基究竟合理不合理？

专家点评

作为新入市的投资者，一上来就购买封闭式基金显然是不合适的。相对于开放式基金，封闭式基金资金周转快，开放式基金赎回需要五个工作日，而封闭式基金可以于二级市场上在交易时间随时卖出。另外，封闭式基金有一定的折价率，就中长期持有来说，封闭式基金的收益率有可能会高于开放式基金。封闭式基金虽然有其独特的优势，值得投资者关注，但它的波动幅度是要大于开放式基金的，不适合新入市、风险意识不强的短期投资者。

两类人群适合投资封闭式基金：第一，证券市场的老手，购买封闭式基金当作购买指数，这样投资者风险会略微降低，还可以分享股票市场的增长收益；第二，中长期的投资者，不必关注它某个交易日的涨跌，持有封闭式基金直到封闭式基金的存续期结束或者转为开放式。这样，投资者可以根据自己计划持有时间的长短及封闭式基金的不同存续期选择封闭式基金。

王华操盘实录：平衡配置，注重“绝对回报”

人物介绍

王华，经济学硕士，中国注册会计师协会非执业会员，曾在西南证券有限责任公司任职。自2000年10月加盟银华基金管理有限公司后，王华一直在银华基金工作，从研究员到基金经理、总经理助理、投资管理部总监，再到A股投资总监，这一做就是14年。

14年间，王华管理的基金并不多，从2006年11月至今的八年多时间，他只管理过两只基金。虽然数量不多，但其管理银华富裕主题的七年间，基金累积涨幅达117.8%，期间获得三次金牛奖；另一只基金——银华中小盘，王华接手一年多，涨幅也达到35.8%。

银华富裕主题基金成立于2006年11月，目前规模115亿元，自成立起就由王华管理。一位基金经理在同一家公司待了14年，这种情况确实罕见。十几年的成长，王华每一步都稳扎稳打，这也体现在他管理的产品上。王华表示：“对于基金经理来说，最重要的就是，对自己有清楚的认识，发现自己的优势，并充分发挥这种优势。”

如果要用一个词来概括王华的投资风格，那就是——均衡。从刚开始管理保本型基金，到后来掌管主动型股票基金；经历了2006—2007年的大牛市，也度过了2008年的熊市寒冬，以及2009年的反弹和四年的结构型调整，王华经历了一个基金经理该走过的完整市场历程，也练就了大类资产配置和择股择时的“双杀手锏”，他的投资风格逐步确立并日益清晰。

2015年的牛市中，王华管理的银华中小盘表现抢眼，取得了106.52%的净值增长率，成为市场中众人瞩目的“翻番”基金。银华中小盘的成功翻倍，是因为该基金一季度一直维持了较高的仓位，同时积极地对持仓股进行了调整，将仓位主要配置在清洁经济、“互联网+”和体育等新兴经济方面，取得了良好的效果，一季度获得了较大的超额收益。

操盘分析

王华小心谨慎的性格在投资上表现得淋漓尽致：长期以来，王华期望的，就是打造波动小、回报平稳的产品。因此，他一直很注重投资的安全性问题。

2006年11月，银华富裕主题基金成立，由王华管理，首募50亿元，当年年底规模就达到123亿元。从此开始，王华管理着这只大规模基金，一管就是七年，1 690个交易日。

通过在熊市中调整大类资产配置降低仓位，在结构型市场中加强行业配置和个股精选，银华富裕主题基金取得了长期持续的业绩回报。根据数据显示，2006 年 11 月 16 日至 2013 年 11 月 3 日，王华任基金经理的七年间，银华富裕主题基金复权单位净值增长率为 117.8%，为同期上证指数涨幅的 10 倍。

在 2009 年取得了不错的回报后，2010 年王华再次为持有人赚得不错的收益。从回报率上看，2010 年，银华富裕主题净值增长 15.66%，排在 186 只可比基金的第 25 位；从锁定的收益来看，四个季度中，该基金收益分别为 2.73 亿元、4.52 亿元、2.4 亿元和 7.96 亿元。

保持合理的仓位，不断的平衡配置，这是王华取得不错收益的法门之一。银华富裕主题基金契约限定股票投资比例为基金总资产的 60% ~95%。然而，2010 年仓位一直保持在九成以下，四个季度中，该基金的仓位分别为 77%、72%、81%和 88%。

2013 年 8 月，王华接手银华中小盘股票型基金，大刀阔斧进行组合调整，到了 9 月底时，已经将 10 大重仓股更换了 9 只。换股取得了良好的效果，其后一个季度，新进的重仓股中，有 7 只涨幅超过了 10%，2013 年年底，基金排名提升了 148 名，冲进前 1/4。2014 年一季度，银华中小盘冲劲不减，再度前进 75 名。王华不仅对前任重仓股大刀阔斧，对自己亲自选的重仓股也吐故纳新，更对自己所选股票高位获利了结。到一季度末，在同类 364 只基金中，排名第 10。对比年底的排名，又提高了 75 名。银华中小盘基金业绩的归因分析显示，其在选股、行业配置以及大类资产配置上均获得了正收益。

银华中小盘基金业绩的大幅提升吸引了投资者的关注，申购量明显增加。到了 2015 年二季度末，基金规模 10.69 亿元。从一只迷你基金跨越生死线，到 10 亿元以上，王华再次展现了一名投资“老兵”的实力。

王华的投资安全意识，还体现在对进攻节奏的把握上。王华认为，基金经理对于什么时候买入核心仓位，什么时候加仓，什么时候将最后一颗“子弹”打出去，应该有所把握。他说：“不能一下就直接买成特别重要的股票。可以先买一两个点，看看市场对这只股票的认同度。如果觉得市场是站在我这边的，则可以继续加仓；如果不是，就先将这一两个点的仓位放着，不要着急，因为仓位不重，所以影响也并不大。”

总结自己的投资心得，王华表示，基金经理不能有“押”和“搏”的心态，宁可错过短期的收益机会，也不能冒险去承担过高的风险。他坚信积小胜成大胜，做到有效控制风险，长期地积累下来，就是可观的收益率。

第五章

暴利赢收
——股票型基金的投资技巧

随着人们生活水平的不断提高，投资理财的方式也越来越多。其中，股票型基金是目前很多人比较热衷的理财产品。股票型基金一般会将60%以上的基金资产投资于股票，因此，从风险程度上来说，股票型基金远高于其他类型的基金。不过，股票型基金也有自己的特色优势，尤其是在牛市中，其收益也明显高于其他基金，因此受到很多投资者的喜爱。

第一节　认识股票型基金

股票型基金的定义和类型

股票型基金是最主要的一类基金品种。它以股票作为投资对象，包括优先股股票和普通股股票。股票型基金的主要功能是将大众投资者的小额资金集中起来，投资于不同的股票组合，以实现分散风险，稳定收益的目标。

股票型基金是市场中常见的基金品种，也是投资者常用的理财工具，主要配置股票等权益类资产，按照股票型基金的相关管理办法，股票型基金必须将60%以上基金资产主动投资于股票资产，属于风险较大的基金品种。

股票型基金的种类很多，按照其投资股票种类的不同，可分为优先股基金和普通股基金；按基金投资分散化程度，可将股票型基金分为一般普通股基金和专门化基金；按基金投资的不同目的可将股票型基金分为价值型基金、成长型基金及平衡型基金（如表5-1所示）。投资者挑选股票型基金时，主要需考察盈利能力、抗风险能力和选股择时能力三方面的表现。

表5-1　股票型基金的分类

分类依据	分类	定义说明
股票种类的不同	优先股基金	是一种可以获得稳定收益、风险较小的股票型基金，其投资对象以各公司发行的优先股为主，收益主要来自于股利分红
	普通股基金	以追求资本利得和长期资本增值为投资目标，风险要较优先股基金高
基金投资分散化程度	一般普通股基金	将基金资产分散投资在各类普通股票上
	专门化基金	将基金资产投资在某些特殊行业股票上，风险较大，但也具有较好的潜在收益
投资策略	价值型基金	以追求稳定的经常性收入为基本目标的基金，主要以大盘蓝筹股等收益稳定的证券为投资对象
	成长型基金	成长型基金以资本长期增值为投资目标，其投资对象主要是市场中有较大升值潜力的中小公司股票和一些新兴行业的股票。为达成最大限度的增值目标，成长型基金通常很少分红，而是经常将投资所得的股息、红利和盈利进行再投资，以实现资本增值

（续表）

分类依据	分类	定义说明
投资策略	平衡型基金	平衡型基金的风险和收益特征介于成长型和收入型之间，既追求长期资本增值，又追求当期收入，主要投资于优先股和部分普通股，这些有价证券在投资组合中有比较稳定的组合比例，一般是把资产总额的25%～50%用于优先股，其余的用于普通股投资

投资小技巧

一般来说，各国的股票基本上在本国市场上交易，股票投资者也只能投资于本国上市的股票或在当地上市的少数外国公司的股票。在国外，股票型基金则突破了这一限制，投资者可以通过购买股票型基金，投资于其他国家或地区的股票市场，从而对证券市场的国际化具有积极的推动作用。从海外股票市场的现状来看，其当地股票型基金的投资对象有很大一部分是外国公司股票。

股票型基金的特点

一、投资对象具有多样性，流动性好

与其他基金相比，股票型基金的投资对象是多样性的，投资目的也是多样性的。股票型基金的投资对象是流动性极好的股票，基金资产质量高、变现容易。从资产流动性来看，股票型基金具有流动性强、变现性高的特点。

二、低风险，低费用

与投资者直接投资于股票市场相比，购买股票型基金具有分散风险、费用较低等特点。对一般投资者而言，个人资本毕竟是有限的，难以通过分散投资种类而降低投资风险。但若投资于股票型基金，投资者不仅可以分享各类股票的收益，而且已可以将风险分散于各类股票上，大大降低了投资风险。此外，投资者投资了股票型基金，还可以享受基金大额投资在成本上的相对优势，降低投资成本，提高投资效益，获得规模效益。

三、收入稳定

一般来说，股票型基金的风险比股票投资的风险低，因而收益较稳定。不仅如此，封闭式股票型基金上市后，投资者还可以通过在交易所交易获得买卖差价。基金存续期满后，投资者享有分配剩余资产的权利。

四、跨境投资功能

股票型基金还具有在国际市场上融资的功能和特点。就股票市场而言，其资本的国际化程度较外汇市场和债券市场低。一般来说，各国的股票基本上都在本国市场上交易，股票投资者也只能投资本国上市的股票或在当地上市的少数外国公司的股票。股票型基金则突破了这一限制，投资者可以通过购买股票型基金，投资于其他国家或地区的股票市场，从而对证券市场的国际化具有积极的推动作用。从海外股票市场的现状来看，股票型基金的投资对象有很大一部分是外国公司股票。

第二节　股票型基金投资技巧

专家建议，面对国内市场上众多的股票型基金，投资者可优先配置一定比例的指数基金、适当配置一些规模较小、具备未来增长潜力和分红潜力的股票型基金。

如何选择股票型基金

选择股票型基金时通常要注意以下几个方面的内容。

一、投资取向

投资者首先要看基金的投资取向是否适合自己，特别是对没有运作历史的新基金公司所发行的产品更要仔细观察。基金的不同投资取向代表了基金未来的风险、收益程度，因此，投资者应选择适合自己风险、收益偏好的股票型基金。

二、基金公司的实力

买基金是买一种专业理财服务，因此提供服务的公司本身的素质非常重要。目前国内多家评级机构会按月公布基金评级结果。尽管这些结果尚未得到广泛认同，但将多家机构的评级结果放在一起也可作为投资时的参考。

投资者选择股票型基金时，看盈利能力是最直接的，一般要考虑基金的阶段收益率和超越市场平均水准的超额收益率。基金的阶段收益率反映了基金在这一阶段的收益情况，是基金业绩的最直接体现，但这个业绩受很多短期因素影响，有较多偶然成分。全面评价收益率还需要考虑基金获得的超越市场平均水准的超额收益率，常用詹森指数等作为衡量指标。詹森指数衡量的是基金获得超越的市场平均水准的超额收益能力，可以作为阶段收益率的补充，可以帮助投资者更全面地判断基金的盈利能力。

三、抗风险能力

投资者选择股票型基金时，还应关注基金的抗风险能力，这主要通过该基金的亏损频率和平均亏损幅度来比较。不同的亏损频率和亏损的幅度在一定程度上反映了基金经理的操作风格，只有将亏损频率和亏损幅度进行较好平衡的基金才能具有较强的抗风险能力，帮助投资者实现长期持续的投资回报。

投资小技巧

任何一种投资方式都有自己的利弊，如何规避风险、提高收益，是对投资者最大的考验。无论您是选择股票型基金还是选择其他投资方式，都要记得最大限度地降低风险，避免血本无归的结局。面对国内市场上众多的股票型基金，投资者可优先配置一定比例的指数基金，适当配置一些规模较小、具备增长潜力和分红潜力的成长型股票基金。

投资股票型基金应注意风险。由于价格波动较大，股票型基金属于高风险投资。除市场风险外，股票型基金还存在着集中风险、流动性风险、操作风险等，这些也是投资者在进行投资时必须关注的。

股票型基金的投资策略

投资者购买了一只股票型基金，就意味着成为该基金所投资的上市公司的股东，可能获得两方面利润：一是股票价格上涨的收益，即通常所说的“资本利得”；二是上市公司以“股利”形式分给股东的利润，即通常所说的“分红”。股票型基金虽然有时会在短期“对价”行情中落后市场，但只要其长期表现稳定，投资者不应进行频繁调整，以免交易成本上升，净值表现落后大盘。

股市的大涨大跌，自然也会给股票型基金带来不小的风险，主要表现在：虽然长时间来看投资股票型基金亏损的概率几乎为零，但对一些中短期投资者来说，亏钱的风险仍不小。

选择股票型基金要看它的投资策略，因为这代表了基金经理最根本的选股原则。从投资策略角度，股票型基金可以细分为价值型基金、成长型基金和平衡型基金三种。

价值型基金的风险最小，但收益也较低，适合想分享股票型基金收益，但更倾向于承担较小风险的投资者。价值型基金多投资于公用事业、金融、工业原材料等较稳定的行业，而较少投资于市盈率倍数较高的股票，如网络科技、生物制药类的公司。

通常来说，价值型基金采取的投资策略是低买高卖，重点关注的是股票目前价格是否合理。因此，价值型投资的第一步就是寻找价格低廉的股票。

成长型基金适合愿意承担较大风险的投资者。因为这一类基金风险最高，但赚取高收益的成长空间相对也较大。成长型基金在选择股票的时候对股票的价格考虑得较少，多投资于那些处于成长期的公司，在具体选股时，更青睐投资具有成长潜力的网络科技、生物制药和新能源材料类上市公司。

平衡型基金则是处于价值型和成长型之间的基金，一部分投资于股价被低估的股票，另一部分投资于处于成长型行业上市公司的股票。在三类基金中，平衡型基金的风险和收益介于上述两者之间，适合大多数投资者。要提醒投资者的是，应该避免在市场过度炒作时进行大额投资于股票型基金。

应对股票型基金高台跳水的招数

在股市出现较大调整，股票型基金开始高台跳水，净值不断缩水的情况下，投资者如何应对？以下两招可以使你顺利避险。

一、将一部分收益现金化，落袋为安

每逢股票市场发生大的波动，各类型股票型基金业绩开始分化，一些品种——如分红型基金，达到一定条件就分红，能够有效地锁定投资收益，制度性地减少未来可能的下跌风险。对投资者来说，这可以将一部分收益现金化，实现“落袋为安”，减少了股市下跌带来的净值损失。

投资小技巧

在行情不稳的时候，为了锁定收益，原来选择红利再投资的投资者，不妨暂时改为现金红利，否则就达不到避险的目的。

二、抛售老的基金锁定收益，同时购买新发行的基金

在股市进入暂时盘整期，但是长期走牛的格局没有改变的情况下，如果有投资需求，并且看好未来股市的话，可以选择抛售老的基金锁定利润，同时投资新发行的基金。

在股票明显上涨期间，投资者应该购买已经运作一段时间的老基金，因为老基金仓位重，可以快速分享牛市收益。而在股市盘整期，投资者则应该购买新发行的基金。新基金一般有一个月的发行期，然后是至少三个月的封闭期（建仓时期），从发行到运作需要的时间，刚好可避过股市盘整，而正好在股价继续上扬的情况下开始运作。

第三节 港股基金投资技巧

认识港股基金

在跨境基金投资制度下，合格的境外机构投资者将被允许把一定额度的外汇资金汇入并兑换为当地货币，通过严格监督管理的专门账户投资当地证券市场，包括股息及买卖价差等在内的各种资本所得经审核后可转换为外汇汇出，实际上就是对外资有限度地开放本地证券市场。

港股基金意味着将允许内地居民以外汇投资香港资本市场。港股基金可以为我国有序开放资本市场积累经验，将为培育内地机构投资者起到积极作用。

如何投资港股基金

港股投资有多种方式，借道基金投资港股是一种简单的理财方式，如何选择港股相关基金，主流品种和市场弹性是两大重要指标。

近来，开放公募基金通过沪港通投资港股，对港股是重大利好，同时也为内地投资者发掘港股价值洼地创造了黄金机会。尽管沪港通 50 万元的投资门槛将不少散户挡在门外，但借道港股基金，投资者即可低门槛参与沪港通，对于不熟悉港股的投资者，一些港股主题基金成为了掘金沪港通的利器。

在沪港通机制下，两地交易所每日集中轧差换汇，避免了全额兑换的繁琐；公募基金直接用境内席位买卖港股，也节省费用，全面提升交易效率。公募基金资金流动更简单，将进一步促进两地市场的互联互通，使得 A、H 股估值差距有望填平。从估值的角度来看，被严重低估的港股机会是比较明确的。国家相关政策的发布，有利于内地资金港股掘金，也将促成出手港股的黄金机会出现。

基金投资实例：什么样的人适合投资股票型基金

潘先生今年 28 岁，就职于哈尔滨一家软件公司。潘先生月薪较高，每月有 8 000 多元，年终奖 3 万元。在哈尔滨当地，他属于高收入人群。因为自身设计软件能力突出，经常有一些企业和个人请潘先生去设计和改进自己公司的软件，所以每年兼职收入还有 2 万元左右。潘先生每月基本生活开销 2 000 元左右，由于酷爱旅游和户外运动，每年在这方面支出平均 1 万元左右。金融资产方面，潘先生目前有 20 万元积蓄。潘先生父母健康，都在哈尔滨事业单位工作，有住房公积金和养老保险等，对潘先生来说，没有后顾之忧。

潘先生对资本如何增值很感兴趣，但是对投资市场和投资工具却不是很了解。

专家点评

潘先生赚钱能力强，且事业处于不断上升的阶段，身体状况也是一生中最好的阶段，父母也尚处在壮年阶段，可谓无牵无挂。因此，在理财上，可以构建一个相对积极的投资组合。

对于潘先生这种有稳定的高收入，且无后顾之忧、风险承受能力较强的投资者而言，最好的投资工具是股票型基金。此类基金最大的优势是，赚钱和亏本都明明白白、清清楚楚。当然，股票型基金的类型也很多，其中互联网金融、移动医疗服务是当下的基金投资热点，潘先生可选择投资 10 万元此类股票型基金，6 万元投资于债券型基金。债券型基金又可分为纯债券型基金和偏债券型基金，两者的区别在于，纯债券型基金不投资股票，而偏债券型基金可以投资少量的股票。按照目前的宏观经济形势和经济周期规律，可以先选择偏债券型基金。剩余4万元投资于定期存款，随时可以灵活取用，以备不时之需。

基金投资实例：注意股票型基金的投资风险

小邱是个安静、保守的女孩，大学本科毕业后就在一家外企做文职工作，平日除必要的生活开支外，结余的部分通通存在银行，五年下来，已有8万元存款。作为家中的独生子女，小邱农村的家中还有父母需要奉养。

2014年下半年股市开始回暖，茶余饭后，小邱常听公司的同事们说买哪只股票赚钱了，哪只基金赚了多少。在2015年5月初，小邱拿出了自己存在银行的8万元，按同事们的指点，买了2015年一季度的明星基金A产品（股票型基金），说是明星基金风险相对要低一点。随后的几天，小邱就尝到了投资的甜头，果然A基金每份涨了7分钱，小邱很是兴奋。哪知道，还没高兴几天，股市突然开始大幅调整，当天股指就下跌了181点，小邱买的基金，第一天就跌了5%还多。第二天，股市连续下杀142.20点，同事们安慰小邱说没关系，很快就会涨回去的，可5月都过去了，股市除了偶尔几天小幅上涨外，大部分时间都在下跌。小邱见自己买的基金每份都下跌了2毛钱，8万元只剩6万多，小邱赶快赎回了基金份额。

专家点评

股票型基金是高风险、高收益的基金品种，适合投资期限长、风险承受能力较强的投资者。所以作为工薪阶层的小邱，风险承受能力较弱，不适宜投资股票型基金。而且小邱介入的时机也不适宜，2014年7月以来，股价狂涨的背后早已蕴藏了大幅回调的可能。主动型管理的基金回调固然不会像股票那样剧烈，但是随着市场以及行业和个股的调整，基金短期波动也在所难免。

事实上，经过前几年股市下跌的洗礼，许多投资人已逐渐从最初的狂热变为关注风险和思考自身的风险承受能力。对于那些年龄较大、风险承受能力较差的投资人来说，则更需要谨慎。

张晓东操盘实录：抓住低估值绩优股

人物介绍

张晓东，美国多米尼克学院国际经济政治分析硕士。历任中国企业管理无锡培训中心、中欧管理研究生项目（现改为中欧国际管理学院）助教/中方院长助理，无锡虹美电器集团销售/项目经理，美国纽堡太平洋投资管理公司高级投资经理，阳光国际管理公司董事，中信资本市场控股公司董事（非董事会成员）。现任职于国海富兰克林基金管理有限公司，2006年6月至今任国富弹性股票型基金基金经理，2008年7月至今任国富价值股票型基金基金经理。

操盘分析

2004 年，张晓东加入国海富兰克林基金管理有限公司，2006 年 4 月开始管理国富弹性股票型基金。与其他海归基金经理的水土不服不同，张晓东的投资业绩很快进入状态，国富弹性接连获得2007 年大牛市和2008 年大熊市的金牛奖，另一位同时获得该两年金牛奖的基金经理是华夏基金的王亚伟。由于业绩表现突出，2008 年 7 月，张晓东又开始管理国富价值股票型基金。他所管理的国富弹性基金获得晨星三年和五年期股票型基金的五星评级，另一只国富价值基金，获得晨星三年期的五星评级。他这样五星评级的长期投资业绩在国内公募基金业尚属第一人。

在投资的长跑中，张晓东的制胜秘诀是逆向投资。如果深入观察，可以发现张晓东坚持的逆向投资，其实是价值投资，正如张晓东自己所言："用二流的价格买入一流的股票。"

张晓东虽然是价值投资的信徒，却是某种意义上的"价值投资改良派"。他不仅注重自下而上的选股，也重视自上而下的仓位和行业配置。但在看好的行业，如果缺少同时满足看得懂又估值合理条件的公司，他就一股不买。与其他价值投资者一样，张晓东偏好左侧交易。

季报显示，张晓东在房地产股政策调控最紧的时候，逆势增仓房地产股，其管理的国富弹性市值基金配置了约 16% 的地产股。张晓东说，房地产的利空当时已经在股价中反映出来，政策公布之日很可能是该板块反弹之时。

事实上，早在 2006 年国富弹性市值基金成立当年，张晓东就曾在钢铁股的"冬天"，买进大量宝钢股份。当时，宝钢股改之后业绩平平、没有亮点，大多数人对此表示质疑。4 个月之后，宝钢股价一鸣惊人，最高达到 22 元，从而为国富弹性市值基金掘得"第一桶金"，也奠定了该基金在此后几年排名中的优势地位。

张晓东的这种逆势投资，其实是一种深度价值挖掘之后的价值发现。他认为，投资前必须要熟悉企业，只有深刻"理解"企业，才能够给出合理的估值。这也符合张晓东"不投资不熟悉的企业"的信条。对于重仓的股票，他对自己的要求是对上市公司的了解和把握不亚于公司研究员与券商分析师。

世事如棋局局新，市场的风向也时刻在变化，投资的长跑健将不能有明显的大行业短板。张晓东长期关注的上市公司有 150 家左右，并不断有新公司调整进来。他通常的投资组合集中在六大行业，目前仍在不断学习一些新的行业，目前他很关注医药、环保和农林牧渔。

好买基金网研究中心副总监曾令华认为，张晓东的成长股投资已有相当功力，对一些波段的把握也比较成功，未来的投资业绩值得期待。

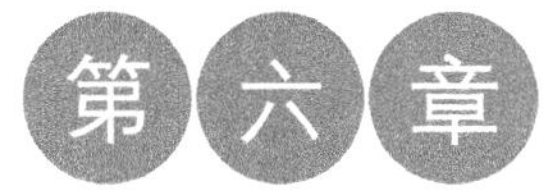

水涨船高
——指数型基金的投资技巧

巴菲特曾经说过："大部分机构投资者和个人投资者都会发现，拥有股票最好的方法是购买收取最低费用的指数型基金。投资人遵守这个方法得到的成绩，一定会击败大部分投资专家提供的结果。"

第一节 认识指数型基金

很多投资股票型基金的基民都有过“赚了指数不赚钱”的经历。在一段时间内，大盘指数有了很大涨幅，但自己所持有的股票型基金净值却没有怎么上涨，甚至还出现了亏损。最终只能眼看着指数上涨，自己却赚不到钱。如果基民购买指数型基金，就不会出现这种苦恼。

什么是指数型基金

指数型基金，顾名思义就是以指数成分股为投资对象的基金，即通过购买一部分或全部的某指数所包含的股票，来构建指数基金的投资组合，目的就是使这个投资组合的变动趋势与该指数相一致，以取得与指数大致相同的收益率。

指数型基金是根据其所跟踪的指数样本构成比例来购买证券的，主要目的是为了取得与指数相近的收益率，其投资策略为被动投资，以消除系统性风险，同时降低成本，在操作上追随大市，在经济总体上升中被动取得收益。其特点是：它的投资组合等同于市场价格指数的权数比例，收益随着当期的价格指数上下波动。当价格指数上升时，基金收益增加，反之收益减少。基金因始终保持当期的市场平均收益水平，因而收益不会太高，也不会有大的波动。

投资小技巧

指数型基金是一种以拟合目标指数、跟踪目标指数变化为原则，根据跟踪标的指数样本股构成比例来购买证券的基金品种。与主动型基金相比，指数型基金不主动寻求取得超越市场的表现，而是试图复制指数的表现，力求与跟踪标的误差最小，以期实现与市场同步成长，并获得长期稳定收益。

指数型基金的种类有哪些

投资指数型基金在一定程度上相当于“购买”了该基金所跟踪的成份指数。普通投资者往往受到资金量以及技术操作的限制，难以达到对目标指数的跟踪投资，因此可以考虑通过配置指数型基金来实现自己的投资目标。目前对于指数型基金的分类方式主要有两种：按复制方式分类和按交易机制分类。

一、按复制方式分类

按复制方式分类，指数型基金可以分为完全复制型指数型基金和增强型指数型基金。

表6-1 按复制方式分类

分类	分析	说明
完全复制型指数型基金	在最大程度上跟踪目标指数，最大限度地减少跟踪误差	完全复制型指数型基金较为保守，其表现好坏的衡量标准是对于目标指数的跟踪误差，最终的收益率并非主要的考核标准
增强型指数型基金	在跟踪目标指数的基础上，将一部分资金配置于更为积极的投资，以追求超额收益	增强型指数型基金则较为激进，在跟踪指数的基础上同时追求超额收益，其风险和收益都要高于完全复制型指数型基金

二、按交易机制分类

按交易机制分，指数型基金可以分为封闭式指数基金、开放式指数基金、交易型开放式指数基金（指数型 ETF）和上市型开放式基金（指数型 LOF）。

表6-2 按交易机制分类

分类	交易市场	交易方式
封闭式指数基金	二级市场	现金
开放式指数基金	基金公司申购赎回	现金
指数型 ETF	二级市场/基金公司申购赎回	组合证券
指数型 LOF	二级市场/基金公司申购赎回	现金

从上面的表格可以看出，指数型 LOF 的交易方式最为灵活，既可以在二级市场与该基金的投资者之间交易，同样可以通过代销机构向基金公司申购赎回；指数型 ETF 的交易则较为繁琐，虽然可以在二级市场交易和申购赎回，但是申购和赎回均需要用相对应的股票。封闭式和开放式指数基金的交易灵活程度居中。

指数型基金有哪些优点

指数型基金是成熟的证券市场上不可缺少的一种基金，在西方发达国家，它与股票指数期货、指数期权的标的类似；在运作上，它与其他共同基金相同。指数型基金与其他基金的区别在于，它跟踪股票和债券市场业绩，所遵循的策略稳定，它在证券市场上的优势不仅包括有效规避非系统风险、交易费用低廉和延迟纳税，而且还具有监控投入少和操作简便的特点，因此，从长期来看，其投资业绩优于其他基金。

指数型基金运作的核心是通过被动地跟踪指数，在充分分散个股风险的同时，获取市场的平均收益。总的来说，指数型基金的优点主要表现在以下几个方面。

一、低成本性

指数型基金往往具有低管理费及低交易成本的特性。由于指数投资不以跑赢指数为目标，只需根据指数成分股的变化来被动地调整投资组合，不需支付投资研究分析费用，因此可收取较低的管理费；另外，指数型基金投资倾向于长期持有买入的股票，相对于主动式管理因积极买卖形成高换手率而必须支付较高的交易成本来说，指数型基金投资不主动调整投资组合，换手率低，交易成本低。

二、业绩透明度较高

投资者只要看到指数型基金所跟踪的目标指数的涨跌就可以大体上判断出自己投资的那只指数基金净值的变动。而对于某些擅长判断大势，但对个股把握不强的投资者，就特别适合投资于指数型基金，从而免去“赚了指数不赚钱”的烦恼。

三、分散投资，降低风险

由于指数型基金通过跟踪指数进行广泛的分散投资，这种被动式投资组合通常较一般的主动式投资组合包含较多的标的数量，随着标的数量的增加，可降低单一标的波动对整体投资组合的影响程度，同时通过不同标的对市场风险的不同影响，降低投资组合的波动程度。

四、人为影响较小

指数型基金的投资管理过程主要是对相应的目标指数进行被动跟踪的过程，而不是频繁地进行主动性的投资。这样在管理过程中就可以通过较为程序化的交易来减少人为因素的影响。

指数型 ETF 和指数型 LOF 的区别

上市型开放式基金（LOF）与交易所交易基金（ETF）是两个比较容易混淆的概念，因为它们都具备开放式基金可申购、赎回且份额可在场内交易的特点。实际上，两者存在本质区别。

ETF 是一种跟踪“标的指数”变化，且在交易所上市的开放式基金，投资者可以像买卖股票那样，通过买卖 ETF，从而实现对指数的买卖。因此，ETF 可以理解为“股票化的指数投资产品”。ETF 基金最大的不同在于它可以用一揽子股票来交换，涉及到股票、基金两个市场，从而可以提供多种套利工具，交易机制较为灵活。

LOF 基金为“上市型开放式基金”，也就是上市型开放式基金发行结束后，投资者既可以在指定网点申购与赎回基金份额，也可以在交易所买卖该基金。不过投资者如果是在指定网点申购的基金份额，想要上网抛出，须办理一定的转托管手续；同样，投资者如果是在交易所网上买进的基金份额，想要在指定网点赎回，也要办理一定的转托管手续。

ETF 基金与 LOF 基金的区别如表 6-3 所示。

表6-3 ETF基金与LOF基金的区别

区别	ETF基金	LOF基金
交易内容	在一/二级市场的交易，涉及现金、股票和基金份额等内容，投资者既可以在二级市场赚取交易差价，也可以用一揽子股票换取基金份额（或有少量现金）、或者以基金份额换回一揽子股票（或有少量现金）进行套利	仅仅涉及现金与基金份额的交易
基金类型	指数型基金	既可以是指数型基金又可以是主动配置型基金
套利机制	实时套利，全日折溢价率低	不可以实时套利，且日间折溢价率高
流动性	基金由于相应套利机制，其流动性相当于成分股流动性加总	取决于基金的规模，以及买卖双方投资者的数量和交易活跃性
公布时间	每日公布组合，日间实时公布拟合净值	每季度或半年公布组合，每日公布上一日净值

投资小技巧

LOF与ETF相同之处是同时具备了场外和场内的交易方式，二者同时为投资者提供了套利的可能。此外，LOF与目前的开放式基金不同之处在于它增加了场内交易带来的交易灵活性。

第二节 指数型基金投资技巧

指数型基金的投资采取拟合目标指数收益率的投资策略，分散投资于目标指数的成分股，力求股票组合的收益率拟合该目标指数所代表的资本市场的平均收益率。运作上，它比其他开放式基金具有更有效地规避非系统风险、交易费用低廉、延迟纳税、监控投入少和操作简便的特点。从长期来看，指数投资业绩甚至优于其他基金。

挑选指数型基金的步骤

指数型基金作为一种重要的长期资产配置和短期波段操作的工具，得到越来越多投资者的认同。市场上可以选择的指数型基金也越来越多，随着指数型基金数量和品种的增加，投资者在投资指数型基金时，常有不知从何选择之感。投资者在选择指数型基金时，可以从以下几个角度入手。

一、关注基金公司实力——基因为先

在选择任何基金时，基金公司实力都应该是投资者关注的首要因素，指数型基金也不例外。虽然指数型基金属于被动式投资，运作较为简单，但跟踪标的指数同样是个复杂的过程，需要精密的计算和严谨的操作流程。实力较强的基金公司，往往能够更加紧密地进行跟踪标的指数。

二、选择标的指数表现优越的基金

所谓投资指数型基金就是投资指数，因此选择一个合适的指数很关键。一般而言，指数型基金分为市值加权法、平均加权法、基本面指数投资法三种投资策略。由于每种指数投资策略都有各自的核心，所以投资者可以根据市场环境选择指数型基金。

比如，基本面投资策略是以价值为导向，当价值型股票成为市场青睐的对象时，这种策略就会奏效。而此时，市值加权指数投资策略就会显得逊色。然而，在牛市中，市值加权投资策略往往能战胜基本面投资策略。同样的，当中盘股和小盘股受到青睐时，平均加权策略又更加奏效。因此，投资者无论选择哪种指数型基金，最主要的还是看所选指数是否适合自己的理财目标。从长期来看，传统的市值加权策略对于大多数投资者来说已经足够。

三、考虑费率差异对投资效率的影响

大部分的指数型基金都是跟踪指数、复制指数收益的投资工具，相较于主动投资的基金，指数型基金不仅管理透明，更具有成本优势。股神沃伦·巴菲特曾说："成本低廉的指数型基金，也许是过去35年最能帮投资者赚钱的工具。"

由于基金的管理费和托管费是按照基金资产每日计提的，投资者感受并不明显，所以投资者经常会陷入不重视基金管理成本的误区，很多投资者甚至不清楚自己投资基金的管理费是多少。一般主动式管理基金的管理费为1.5%，托管费为0.25%，而国内指数型基金的管理费率介于0.5%～1.3%之间，托管费率则在0.1%～0.25%之间。相对于主动管理的基金，指数型基金每年可以节省1%左右的管理成本。如果每年可以节省1%的投资费用，代表额外赚取1%的投资收益，在长期投资复利的威力下，投资结果会有极大的不同。

投资小技巧

目前我国的指数型基金费率也存在一定差异。其原因多种多样，总体上看，ETF 基金和 LOF 基金的费率水平较低。投资者在选择指数型基金前，应该事先阅读基金合同及招募说明书以了解产品特性和费率水平。

四、看指数拟合度

投资者投资指数型基金时，大都是希望指数型基金能完全复制跟踪指数的业绩表现，才能达到短期波段操作或是长期资产配置的投资效果。因此，判断一个指数型基金是否投资操作良好，并不是看这只指数型基金的业绩有多突出，而是看这只指数型基金是否有较佳的复制指数表现，也就是市场关心的“跟踪误差”。投资者可以通过查阅基金历史数据，了解基金以前的拟合表现。

跟踪误差就是指数型基金净值波动和标的指数波动之间的拟合程度，反映了指数型基金的操作能力。一般而言，好的指数型基金是跟踪误差最小的。

如何选择跟踪标的与指数型基金

目前，市场上的指数型基金跟踪的大多是价格指数而非收益指数，价格指数对上市公司分红派息不作除权调整，任指数自由回落，更多地反映了买卖价差所赚取的收益，较收益指数来说更容易被超越。

ETF 联接基金在降低了投资门槛的同时也带来一些额外的成本，因此投资者应权衡利弊，选取最适合的渠道进行被动投资。

市值加权指数容易受一群市值较大的样本股的影响，更多地反映了市值较大的股票的波动，也可能出现某些行业“超配”的现象，投资者需了解被投资规模指数的行业分布情况，并将其作为决策因素之一。

等权指数能在中长期提供“再平衡溢价”，严格执行分散化投资，是价值投资、均值反转理念的有效实践。它在震荡市中有较好的表现。然而，随着成分股数量增加，等权策略的成本会成比例增加甚至大于收益，不适用于大型综指，且“强者恒强”现象也会使等权指数表现不如市值加权指数。

投资小技巧

投资者在确定跟踪指数时需兼顾代表性与跟踪成本，在选择指数型基金时应同时考虑规模、费率与跟踪误差等因素，权衡多付出的费用是否能带来“额外的收益”“交易的便利”或“更大的覆盖率”，力争选择出最合适的投资标的。

指数型基金的交易要点

指数涨幅代表股市投资平均业绩水平，但是过去几十年经济持续增长、股市持续大涨，而大多数投资者却连平均业绩水平都达不到。对于这种现象巴菲特认为主要有三个原因：第一，交易成本太高，投资者买入卖出过于频繁，或者在投资管理上费用支出过大；第二，进行投资组合管理决策是根据小道消息和市场潮流，而不是根据深思熟虑并且量化分析的公司评估；第三，盲目跟随市场追涨杀跌，在错误的时间进入或退出股市，比如，在已经上涨相当长时间后进入股市，或是在盘整或下跌相当长时间后退出股市。

在大盘指数上升趋势中，指数型基金是一种良好的投资工具。从投资特点上来看，希望获得与指数同步收益的投资者，只要投资指数型基金就可以方便地跟踪标的指数的轨迹。但是指数型基金的操作仍有其自身的特点和局限性，所以我们应该根据其特性和行情进行操作，否则很难取得理想收益。对于指数型基金投资，巴菲特有三个具体操作建议。

一、选择成本更低的指数型基金

指数型基金被动追踪股票指数，基本上投资于大部分甚至所有股票，目标是实现相当于市场平均水平的收益率，不用研究选股，因此管理成本明显低于那些主动型共同基金。指数型基金的管理费越低，成本优势越大、净收益率越高。

巴菲特说：“我个人认为，如果基金投资者的投资每年要被管理费等吃掉 2%，那么你的投资收益率要赶上或者超过指数型基金将会十分困难。中小投资者安静地坐下来，通过持有指数型基金轻松进行投资，时间过得越久，自然积累的财富会越来越多。”

二、定期投资指数型基金

指数型基金是一种趋势性的投资品种，由于没有卖空机制，只有在股市上升行情的大趋势中才能取得较好的收益，这是买入并持有的前提。对开放式指数型基金来说，由于各项费用较高，短线获利十分困难；对于封闭式基金而言，因为基金资产并不完全投资于指数，因此二级市场走势并不与指数和基金净值完全相关，很难根据大盘进行短线操作；即使对指数完全相关的 ETF 指数型基金进行二级市场短线操作，除去手续费后，短线获利的难度也很大。

三、长期投资指数型基金

指数型基金主要是模拟股票指数进行投资运作。下跌或震荡行情中，指数型基金几乎没有抗风险能力。虽然我们可以通过低买高卖进行波段操作，但是只有在中线范围内进行才容易取得比较好的效果，短线操作并不理想。

如果你一定要选择买卖指数型基金的时机，巴菲特 2004 年致股东的信中给出建议：“投资人必须谨记，过于兴奋与过高成本是他们的敌人。而如果投资者一定要把握进出股市的时机，我的忠告是，当别人贪婪时恐惧，当别人恐惧时贪婪。”这需要准确的判断和坚强的意志，大多数业余投资者甚至投资专家都难以做到。因此，更简单更轻松的办法是长期投资。

投资小技巧

指数型基金比较好的投资策略是：在选择适合基金的基础上，在上升行情明朗时持有，并进行中长线的波段性操作。在熊市行情或市场行情不稳定时，要尽量避免投资指数型基金。

投资指数型基金的风险

尽管作为一种中长线投资品种，指数型基金可以在投资配置中扮演重要角色。但在股市行情并不明朗时，投资指数型基金需要格外关注其风险。

一、系统性风险

系统性风险是指由于公司外部、不为公司所预计和控制的因素造成的风险。通常表现为：国家、地区性战争或骚动，全球性或区域性的石油恐慌，国民经济严重衰退或不景气，国家出台不利于公司宏观经济调控的法律法规，中央银行调整利率等。系统风险来自于宏观因素的不确定性影响，由于系统风险来自于对整个证券市场推动力的宏观因素的影响，所有证券都会受其影响，无法通过证券组合的分散化加以降低。

指数型基金最大的风险在于系统性风险。系统性风险是不可能通过分散投资消除的。当市场行情不好时，股票型基金可以通过更改资金配置来削弱系统性风险带来的影响，而指数型基金的投资配置是不可能更改的，它只能跟随着市场趋势变动。

二、流动性风险

由于开放式基金具有较大弹性和流动性，所以基金管理人在制定投资目标和投资组合时，必须考虑到基金的流动性风险，指数型基金作为开放式基金的一种同样存在流动性风险。在目前中国股票市场，上市公司业绩波动幅度极大，上市公司素质普遍不高。在优质蓝筹品种稀缺的情况下，难免出现很多机构同时重仓持有某一只股票的情况，致使一些流通股与总股本差别较大的股票流动性非常弱。而指数型基金进出“门槛”相对较低，无法抑制流动性需求较高的资金流入对本基金带来的日后的压力。指数型基金为应付赎回资金，在跟踪指数的程序化交易中，如果个别股票的交易流动性差，则指数型基金将面临流动性风险。

三、其他风险

指数型基金分散投资的广度远远大于普通基金，理论上应根据各股票在指数中的比重，投资所有构成指数的股票，致使个别股票的损失不会对整体投资产生大的影响。但我国上市公司的股权结构中存在着大量的非流通股份，由此建立的股票指数给基金组合的构造带来一定的困难。而且，“上证180”毕竟只是上海市场的成分股指，抛开深圳市场，不能充分反映证券市场的情况，所以指数型基金的运作存在市场发展中一些特定的风险。

投资小技巧

从某种意义上说，指数型基金的风险反而比其他股票型基金大。尽管作为一种中长线投资品种，指数型基金可以在投资配置中扮演重要的角色，但在股市行情并不明朗时，投资指数型基金需要格外关注其风险。选择基金一定要和自己的具体情况相符合，指数型基金就是比较适合具备一定市场分析能力的投资者进行投资的基金品种。

基金投资实例：冠军基金也有投资风险

小黄是一位北漂姑娘，很幸运地嫁给了一个北京的“金龟婿”，她老公家里有好几处房子，不用当“房奴”，她和老公不仅自己攒钱买了一套三十几万的住房，还往股市里扔了好些钱“打水漂”。经历过炒股失败后，小黄开始接触基金，知道基金是享受专家理财的投资方式，盈利的可能性要比普通小散户大得多，但又比炒股稳妥，对普通工薪族的家庭理财来说最适合不过。

如何迈出基金投资的第一步，真的需要认真考虑。如果还像过去炒股那样“听风就是雨”，盲目跟从八卦推荐，结果必然会重蹈覆辙。于是，小黄开始关注基金的净值变化情况，经过一段时间的观察和学习，她在2010年初选了一只基金净值始终排在前列的基金，后来陆续用积蓄和后续收入申购了这只基金。结果时间过去刚刚半年，基金净值已经由过去的1.45元，涨到了1.62元，让她初次尝到了基金投资的甜头。

之后，她便继续这种购买基金的方法。2011年，交银优势行业以-0.74%的净值增长率夺得2011年股票型基金冠军，于是小黄果断买进。但谁知到了2012年，交银优势行业以全年-2.05%收益率位居426只可比偏股型基金第369名，即倒数第58名，让小黄吃足了苦头。

2012年，小黄又列出那些净值最高、走势稳定的几只基金，最后购买了景顺长城核心竞争力，该基金以31.7%的净值增长率勇夺2012年股票型基金冠军，但谁知到了2013年，该基金却被甩到了100名开外。

小黄很是郁闷，将基金赎回后，再也没有动理财投资的想法，而是让资金老老实实地躺在银行睡大觉。2014年与2015年股市的火爆，也没能动摇她的想法。

专家点评

投资大师巴菲特坚持投资要有安全边际，即要逢低买进，而且买进价格要低于标的内在价值较大的幅度，以便留有安全余地，即使是最好的标的投资，购买的价格也应该合理，买价越低，盈利可能性越大。

而小黄只看重基金近期收益增长率，却很少注意基金的波动因素，这是错误的。冠军基金往往在当年有非常好的业绩表现，净值也已经上涨了很多，如果在此时买进，则属于高位追涨，风险不小。业内专家认为，如果没有充分的实力支持，这类基金业绩表现的波动性会很大。

业内有“冠军魔咒”一说，即当年的冠军往往在次年业绩大幅下滑。这其中原因可能有，基金经理变动、市场风格转换、牛熊转换、基金规模变大不利于管理等。所以投资者要理性思考，不能盲目追涨。

基金投资实例：牛市为什么要投资指数型基金

姚女士，35 岁，某制药企业华北区销售经理。她的爱人尹先生是位高中老师。夫妇两人每月收入 18 000 元。姚女士夫妇刚买了一套两居室的二手房和一辆自驾车，每月支出为房贷 3 900 元，车贷 800 元，生活等支出 3 300 元，合计支出 8 000 元/月。家人有社保和商业重疾险。姚女士年终奖一般为 5 万～10 万元，家人保险费年支出 1.6 万元。

目前两人的积蓄 15 万元都存在银行里，但姚女士不甘心只赚那点可怜的利息，买股票又怕被套，想要投资基金，但又不知购买哪种类型的更好？

专家点评

由于姚女士夫妇收入稳定且预期良好，因此风险承担能力较强，可以较大的风险来追求较高的回报，所以，专家建议，像姚女士这样缺乏理财经验和时间的投资者，投资于指数型基金是个可行的选择，尤其在 2014—2015 年这个牛市中，投资指数型基金收益可能会更好。那么指数型基金究竟有哪些魅力呢？为什么牛市要买指数？

指数型基金是以指数成分股为投资对象的基金，是以获取与指数大致相同的收益率为投资目标的被动型基金。换句话说，只要所跟踪的指数涨了，指数型基金就赚钱了。

指数型基金按主动管理程度，可分为两类。一类是完全复制型指数型基金，这种指数型基金力求按照基准指数的成分和权重进行配置，其目标是最大限度地减小与标的指数的跟踪误差。另一类是增强型指数型基金，即在将大部分资产按照基准指数权重配置的基础上，也用一部分资产进行积极的投资。其目标为在紧密跟踪基准指数的同时获得高于基准指数的收益。

从市场来看，在牛市中很少有投资者能够跑赢市场。牛市中每一次的板块轮动和行业切换，并不是次次都能抓住的。但是指数型基金不需要去抓这些个别的投资机会，而只需要复制指数。通过复制指数，指数型基金取得与指数非常接近的收益，但同时也承担与指数非常接近的风险，在牛市环境中确实是比较理想的选择。

周炜炜操盘实录：选好股重组合稳获利

人物介绍

周炜炜，CFA，伦敦商学院金融学硕士，香港大学商学院、复旦大学管理学院工商管理硕士。1998—2000年任职于德意志银行上海分行，任助理副总裁；2000—2001年任职于美国思腾思特管理咨询中国有限公司，任副总裁；2002—2006年任职于招商基金管理有限公司，历任招商先锋证券投资基金基金经理、基金管理部副总监；2006—2010年10月任职于交银施罗德基金管理有限公司，历任交银施罗德成长股票证券投资基金基金经理、权益投资部总经理、投资副总监；2010年11月加入光大保德信基金管理有限公司，先后担任投资部拟任首席投资总监、首席投资总监，曾任首席投资总监兼光大保德信优势配置股票型证券投资基金基金经理。

操盘分析

数据显示，周炜炜从业以来业绩整体不错，所管基金任职回报率最高达200.92%。这一高回报率是在2006—2010年期间所任职的交银施罗德基金斩获的。周炜炜具备良好的选股能力，根据对基金的产品设计定位和操作风格等方面的分析，交银成长基金具备明显的成长性风格。在交银成长基金的股票组合中，中小盘和成长型股票占比均在60%以上。在2010年一、二季度的重仓股组合中，交银成长基金的中小盘股票均占其组合市值的70%以上。

交银成长基金非常注重选股，其选股的市场效果也得到了印证。自2008年二季度以来，交银成长基金的重仓股组合（按照季度重仓股持股比例加权平均计算）在九个季度中，仅有2008年四季度未能跑赢上证指数，其余八个季度均不同比例超越大盘。卓越的选股能力让周炜炜备受市场瞩目，2010年，根据国金证券研究所的筛选，周炜炜成功入选“策略选股能力相对突出的十一名基金经理”之列。

第七章

借力生金
——债券型基金的投资技巧

由于债券是固定收益产品，因此相对于股票型基金，债券型基金风险低，但回报率也不高。如果投资者想购买国债，但又不想去银行排队，甚至排队也买不到国债时，那么投资债券型基金是一个不错的选择。

第一节 认识债券型基金

债券型基金是一种以债券为投资对象的证券投资基金，它通过集中众多投资者的资金，对债券进行组合投资，寻求较为稳定的收益。

了解什么是债券型基金

债券型基金是以国债、金融债等固定收益类金融工具为主要投资对象的基金，因为其投资的产品收益比较稳定，又被称为“固定收益基金”。根据投资股票的比例不同，债券型基金又可分为纯债型基金与偏债型基金。两者的区别在于，纯债型基金不投资股票，而偏债型基金可以投资少量的股票。偏债型基金的优点在于可以根据股票市场走势灵活地进行资产配置，在控制风险的条件下分享股票市场带来的机会。

债券型基金主要追求当期较为固定的收入，相对于股票型基金而言缺乏增值的潜力，较适合于不愿过多冒险，谋求当期稳定收益的投资者。一般来说，债券型基金不收取认购或申购的费用，赎回费率也较低。相对于股票投资，债券投资风险较低，收益相对稳定，波动性较小。由于以债券为主要投资标的，债券型基金同样具有此类特征。所以当股票市场的系统性风险来临时，投资者可以将手中股票型基金转换成债券型基金；或者直接赎回股票型基金，退出股票市场。债券型基金因此成为投资者的“避风港”。

作为基金投资品种，债券型基金同样存在波动。在中国，债券型基金的风险主要体现为利率风险。债券的价格与市场利率变动密切相关，且呈现反方向变动。当市场利率上升时，大部分债券的价格会下降，这样债券型基金可能会出现负的回报；当市场利率降低时，债券的价格通常会上升，这时候投资债券型基金将可能获得较好的回报。

投资小技巧

与海外债券市场普遍存在信用风险不同的是，中国债券市场中大部分债券由中央政府、地方政府、金融机构和国有大中型企业发行。这些机构信用度高，还债能力强，所以债券收益比较可靠、稳定，信用风险并不明显。

购买债券型基金的优势

债券型基金的特点如表 7-1 所示。

表 7-1　债券型基金的特点

特点	分析
低风险，低收益	由于债券型基金的投资对象——债券收益稳定、风险也较小，所以，债券型基金风险较小。但是同时由于债券是固定收益产品，因此相对于股票型基金，债券型基金风险低，但回报率也不高
费用较低	由于债券投资管理不如股票投资管理复杂，因此债券型基金的管理费也相对较低
收益稳定型	投资于债券型基金定期都有投资回报，到期还本，因此债券型基金的收益较为稳定
注重当期收益	债券型基金主要追求当期较为固定的收入，相对于股票型基金而言缺乏增值的潜力，较适合于不愿过多冒险，谋求当期稳定收益的投资者

投资小技巧

债券型基金的缺点是只有在较长时间持有的情况下，才能获得相对满意的收益。而且在股市高涨的时候，收益也还是稳定在平均水平上，相对股票型基金而言收益较低。而在债券市场出现波动的时候，投资者甚至有亏损的风险。

投资者投资债券型基金的优势如图 7-1 所示。

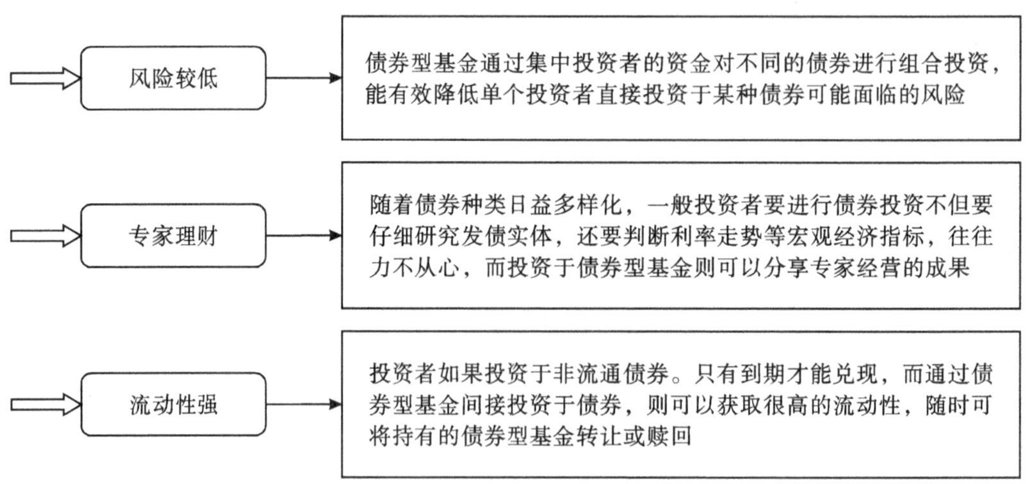

图 7-1　投资债券型基金的优势

债券与债券型基金的区别

债券与债券型基金的区别如表7-2所示。

表7-2 债券与债券型基金的区别

区别	债券	债券型基金
本金损失	如果持有至到期日，没有	如果债券价格下跌，有
投资分散化	不是，除非购买了大量的债券	是
容易买卖	不是，除了国债	是
定额利息	是	不是
专家管理	不是	是

与直接购买国债相比，债券型基金有三大优势。

一、投资人购买债券型基金可以随时变现，流动性好

投资者可以以申请当日的基金单位资产净值为基准随时赎回，而投资者如果投资于银行定期存款、凭证式国债，则变现较为困难，并且要承担很高的提前兑付的利息损失。债券型基金比单只债券具有更好的流动性。一般债券是期限到期才偿还，而债券型基金可以随时赎回，具有较高的流动性。债券型基金通过对不同种类和期限结构的债券品种进行投资组合，可以较单只债券创造更多的潜在收益，也能够在一定程度上规避部分利率和流动性风险。

二、债券型基金的投资范围更广泛

债券市场最主要的品种如中央银行票据等都是在银行间债券市场进行交易的，是普通个人投资者无法参与的。相对于投资人自己直接投资债券，购买债券型基金可享受多种特殊待遇，获得更高收益。例如，可以间接进入债券发行市场，获得更多投资机会；可以进入银行间市场，持有付息更高的金融债；可以进入回购市场，享受融资申购新股和无风险逆回购利息收入的超级机构投资者待遇；基金现金资产可以存放于托管银行，享受1.89%的同业活期存款利率，远高于居民和企业0.72%（含利息税）的活期存款利率；享受各种税收优惠，如申购、赎回时均不必交纳印花税，所得分红也可免交所得税；还可享受基金进行债券投资的低交易成本。

三、债券型基金投资的专业性较强

投资者往往忽视了债券的信用风险。对于普通债券的投资而言，需要考虑的两个基本要素是利率敏感程度与信用素质。债券价格的涨跌与利率的升降成反向关系。债券型基金的信用取决于其所投资债券的信用等级。

债券型基金和股票型基金的区别

债券型基金和股票型基金的区别如表7-3所示。

表7-3 债券型基金和股票型基金的区别

区别	债券型基金	股票型基金
投资品种	债券型基金的证券组合主要以各类债券（甚至包括国际债券）为对象，但也不排除有一定数量（如20%以下）的非债券证券	股票型基金的证券组合主要以股票为对象，但也不排除有一定数量（如20%以下）的非股票证券
风险、收益	债券型基金的资金主要投资于可流通的国债、地方债券和公司债券，所以债券型基金显现出低风险、低收益的特征	股票型基金主要投资上市股票，而股票的波动性远远大于债券，所以相对债券型基金，股票型基金表现出较大的风险和收益性
费用	由于债券投资管理不如股票投资管理复杂，因此债券型基金的管理费也相对较低	股票型基金的管理费用相对较高
投资的主要市场权益	债券的持有者是债权人	股票代表着对公司的所有权
投资的主要市场分红	可获得持续稳定的利息	分红需跟据公司董事会意见而定
适应的投资者	厌恶风险的投资者	不需要靠股票收益生活的投资者

股票型基金和债券型基金对风险管理策略的区别如表7-4所示。

表7-4 股票型基金和债券型基金对风险管理策略的区别

分类	风险	策略
股票型基金	市场风险	进行长期投资
	金融风险	分散投资
		对低资产负债率的公司投资
债券型基金	利率风险	利率管理策略
	市场利率下调时	延长债券的期限
	市场利率上浮时	缩短债券的期限
		投资组合的梯形期限策略
	信用风险	投资于高质量债券
	购买力风险	缩短期限

债券型基金风险管理主要以持有时间的长短为主，股票型基金才是以投资时间还有分散程度为主。

货币型基金和债券型基金的区别

货币型基金和债券型基金的区别如表7-5所示。

表7-5 货币型基金和债券型基金的区别

区别	货币型基金	债券型基金
投资对象	货币型基金主要投资于国库券、大额银行可转让存单、商业票据、公司债券等货币市场短期有价证券	债券型基金主要投资于债券，部分还可投资于股票
风险收益	货币型基金几乎没有风险，因此收益也低	债券型基金的风险比货币型基金高，预期收益也高
购买费用	货币型基金无认购、申购及赎回费用	债券型基金除少部分没有认购、申购和赎回费用外，一般有认购、申购及赎回费用
到账时间	赎回货币型基金，资金到账的时间为T+2个工作日	赎回短债型基金的到账时间和货币型基金相同；赎回普通债券型基金，资金到账的时间为T+5个工作日

第二节 债券型基金投资技巧

债券型基金主要追求当期较为固定的收入，相对于股票型基金而言缺乏增值潜力，较适合不愿过多冒险、谋求当期稳定收益的投资者。

如何选择债券型基金

债券型基金是指将80%以上的基金资产投资于债券的基金。债券型基金按照投资范围与投资目标的不同分为纯债券型基金、一级债券型基金和二级债券型基金三个子类别。债券型基金的分类如表7-6所示。

表7-6 债券型基金的分类

分类	分析	挑选依据
纯债券型基金	指投资对象仅限于债券，不参与股票投资的债券型基金	纯债券型基金以定期存款为绝对基准，依次考察盈利能力和业绩稳定性

（续表）

分类	分析	挑选依据
一级债券型基金	指可参与一级市场新股申购，可持有因可转债转股所形成的股票、分离交易可转债、分离交易的权证等资产的债券型基金	依次考察盈利能力和业绩稳定性
二级债券型基金	指可适当参与投资二级市场股票以及中国证监会允许基金投资的权证等其他金融工具，也可参与一级市场新股申购的债券型基金	除了考察盈利能力和业绩稳定性外，还需考察抗风险能力

债券市场的赚钱效应吸引了大量投资者从股票市场转战债券市场，使得债券型基金的申购量大增。投资者在选择债券型基金的时候需要注意以下四点。

一、判断宏观经济环境

与股市相比，债券型基金受到宏观经济的影响相对较小，但是如果是冲着债券型基金的大行情去的，就不能忽视宏观经济对债券型基金的影响。一般来讲，降息对债券型基金是利好。如果宏观经济处于降息周期内，那么持有债券型基金就可能获得较高收益；反之，如果进入升息周期，债券型基金的收益率则可能降低。

适合债券型基金的投资时机有如图 7-2 所示的两种。

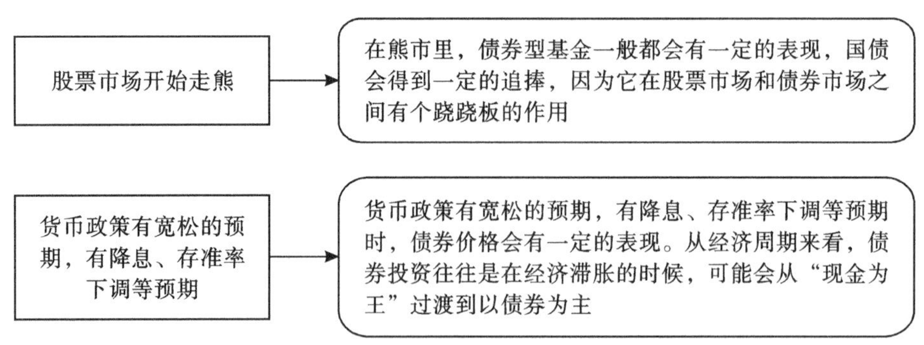

图 7-2　适合债券型基金的投资时机

如果投资者发现股票市场已经出现一些低迷的态势，开始从牛转熊，中国人民银行有降息的预期，经济周期是从繁荣步入到滞胀、衰退的阶段，应该是一个提前布局债券的好时机。

二、选择基金的总费率

费率的高低直接影响到投资者的收益水平，老债券型基金多有申购赎回费用，而新债券型基金大多用销售服务费替代申购费、赎回费，这样就避免了一次性的费用支出，可以摊薄到每一天。不同债券型基金总费用之间最高差异有二到三倍之多，投资者应在同等基金中选择费用较低的产品。因此，投资者需要将各类费用加总后，比较总费率的高低。以广发强债基金为例，该基金没有任何认购费和申购费，持有期限在30日以内的基金份额，赎回费率仅为0.1%；持有期限超过30日（含30日）的，不收取赎回费用，其管理费为0.6%/年，托管费为0.2%/年，销售服务费为0.3%/年，最高总费率为1.2%，且多在基金净值中计取，属于较低手续费用的基金。

三、投资范围

这是决定风险收益水平的主要因素，也是基民的第一关注点。目前市场上，最高股票投资比例在20%的债券型基金比较多。但市场上也不缺乏股票投资最高仓位达到40%的债券型基金，不过40%的比例已接近于一个混合型基金的股票投资仓位。风险相对最低的为纯债基金，该类基金不得投资于股票。此外，除了关注债券型基金投资股票的份额外，在投资债券的份额中，应关注投资于利率债与信用债的比例。进一步的，如果投资信用债，应考察信用债的评级等状况，以判定债基的风险收益状况。

四、选择适合自己的产品

和股票型基金类似，不同的债券型基金具有不同的风险收益特征，投资者应该选择与自己承受能力相匹配的产品。一般而言，低风险承受能力的投资者应当选择纯债基金，这种基金只投资债券市场，不受股市波动影响。中风险承受能力的投资者可以选择强债基金，这类基金除投资债券外，还可以打新股，适合震荡市场。而具有较高风险承受能力的投资者，既希望主要资产投资于债券，又希望将部分资产投资于高风险高收益股票市场，这类人群可以选择可投资二级市场的债券型基金。再者，投资者应关注基金整体运作是主动型管理还是被动型管理，考察基金经理的历史业绩、基金公司的实力，寻求过往表现好的基金经理与实力较强的基金公司进行投资。

如何投资可转债基金

可转债就是可以转换的债券，直接投资可转债或是重仓可转债的基金称作可转债基金，一般投资可转债的比例在60%以上。数据显示，2014年一季度，可转债市值占总投资市值60%以上的基金共有32只。

一、可转债基金的获利方法

一种方法是老老实实地持有可转债，获得约定的票面利率，这个利率水平通常比较低，然后转换成股票，卖出获利；另一种方法是像买卖股票一样，通过折溢价赚取价差收益，其价格波动与蓝筹股的表现基本一致，为什么呢？简单来说，原理是这样的：首先可以发转债的都是大型公司，像央企、国企之类的，然后大盘股如果企稳了，大家对于债券转换成股票后的高溢价会非常有信心，就会争相购买可转债。根据供求关系，可转债价格必然升高。

二、投资可转债基金的优势

相比于个人投资可转债投资可转债基金具有以下两个优势。

（1）可转债的定价机制非常复杂，个人需要投入大量时间和精力去跟踪和研究。但基金公司有专门的投研团队负责研究和收集相关信息，更加专业、可靠。

（2）基金通过汇集闲散资金统一投资可转债市场，可以最大程度降低信息收集成本、研究成本、交易成本等，从而获得规模效益，使投资者可以分享可转债市场的整体收益。

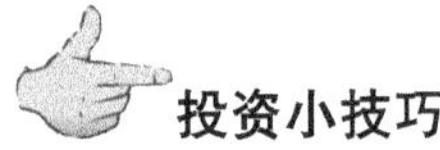

投资小技巧

中国可转债的面值是100元，最小交易单位是1 000元，并以1 000元的整数倍递增申购，每个账户的认购上限为不超过公开发行的可转债总额的1‰。可转债基金的最低申购额也是1 000元，目前没有投资上限。可以看出，投资可转债和可转债基金的资金门槛基本一样。

三、可转债基金的选择

其实，对于个人投资者来说，主要的问题是如何选券。投资者要分析公司基本面，如财务状况、盈利能力等，还要分析价格走势、债券的信用风险、剩余期限等。这些工作都需要花费时间和精力，如果想省事一点儿，就可以选一只可转债基金。

（1）尽量不要买新基金，要考察基金以往业绩是否稳定且优秀，基金经理的投资管理能力是否稳定，之前有无管理同类型基金的经验，任职期间的回报如何，基金公司口碑是否良好，能不能很好的控制风险，等等。

（2）如果投资可转债指数型基金，可获得与转债指数走势大体一致的收益。这时需要判断基金跟踪标的指数的能力如何，误差是否很小。

四、投资可转债基金的注意事项

近期，可转债基金的收益率飙升，受到了越来越多投资者的关注。在挑选可转债基金时，要注意以下几点。

（1）关注杠杆水平及可转债仓位水平。在股市向好的环境下，可转债仓位越高、杠杆水平越高的可转债基金，获取超额收益的能力越强。

（2）所选基金资产配置与自身的风险偏好相匹配。除可转债基金投资可转债的比例不低于80%外，有的可转债基金不参与一、二级市场股票投资；有的仅仅参与一级市场新股申购或增发，不参与二级市场股票投资；而大部分可转债基金还可投资股票等权益类资产，一般规定为不超过基金资产的20%。

（3）通过统计不同债市、股市环境下可转债基金、偏股基金和全部债基的收益率发现，“股债双牛”和“股牛债熊”是最适合于投资可转债基金的时期。在这两种环境下，可转债基金大幅好于其他债基，甚至好于偏股基金；而在“股债双熊”和“股熊债牛”的环境下，应该回避可转债基金选择风险更低的纯债基金，但可转债基金“以债为盾”的较偏股型基金仍具有相对优势。

（4）选择公司固定收益团队实力强和基金经理投资管理能力强的基金。可转债基金投资单只转债比例不受10%的限制，更考验基金经理的选券和配置能力。投资经验丰富和投资能力强的基金经理对券种的选择、配置和杠杆的操作以及对市场的判断具有一定优势。

购买债券型基金的注意事项

在股市持续震荡的背景下，债券型基金受到了投资者青睐。但是，投资者要注意，虽然债券型基金具有抗风险、收益稳健的特征，但投资者购买债券型基金还是不宜“全仓”，同时应注意以下几个问题。

一、投资者应对债券型基金进行正确的定位

整体而言，债券型基金为证券投资基金中的较低风险品种，长期平均的风险和预期收益低于股票型基金和混合型基金，高于货币型基金，是稳健投资者较好的配置品种，也是积极投资者平滑组合风险收益水平和在震荡市场中进行保守投资的理想配置对象。债券型基金适宜在优选后长期持有，并根据对后市的判断动态微调，并不适合开展频繁的波段操作。

二、投资者应尽量选择交易费用较低的债券型基金产品

老债券型基金大多有申购、赎回费用，而新发行的债券型基金大多以销售服务费代替申购费和赎回费，且销售服务费是从基金资产中提取，投资者交易时无须支付。投资者应结合历史业绩、债券类属配置、重仓债平均久期、基金管理人、基金经理等多个方面的信息进行债券型基金品种的优选。对于历史业绩良好的债券型基金，应观察其业绩的波动情况，观察其各个季度末股票、债券资产仓位水平的变化情况，观察其利润表中股票资产与债券资产对总收入的贡献程度，由此对债券型基金的业绩进行归因分析，更为细致地把握某只基金的风险收益定位。

三、投资者应注意小规模债券型基金的打新风险

债券型基金一直是股票一级市场的积极参与者，由于网上申购新股存在较为严格的规模限制，债券型基金更多采用有3个月封闭期的网下申购方式。新股发行体制第二轮改革以来，中小盘股票IPO中对机构投资者的网下配售部分规定了最小申购单位（通常介于50万股到100万股之间）。若投资者超额认购则采取类似网上打新的配号、抽签方式确定网下获配新股的投资者。投资者可适当关注新股网下获配的机构名单，若小规模的债券型基金（例如小于5亿元）获配新股，同时该只股票的投资仓位占基金净值的比例过高（例如超过5%），投资者可在新股上市锁定期内暂时回避该基金，避免基金净值波动过大的风险。

债券型基金的投资策略

债券型基金主要投资于国债、企业债和可转债。目前在交易所上市的国债、企业债、可转债，其市场价格除受债券本身的债券票面利息、债券偿还期限的影响，还受利率、市场供需、投机因素的影响。在债券市场价格波动较大时，一旦出现投资的债券市场价格低于买入价，债券型基金的净值出现下跌，短期内投资债券型基金就可能会赔钱。但在较长的时间段内，由于债券的票面利息是固定的，债券每年能取得稳定的债券付息，在债券付息积累到一定程度完全可以抵销债券二级市场价格波动的损失，投资债券就不会赔钱。债券型基金的投资策略主要有以下三种。

（1）债券型基金虽然属于风险相对较小的理财方式，但还是有一定风险的。它主要与中国人民银行的利息率挂钩，尤其是在升息的环境中。当利率上行的时候，债券的价格会下跌，这样一来债券型基金就可能会出现亏损。在国内，大多数债券型基金持有不少可转债，有的还投资少量股票，股价尤其是可转债价格的波动会加大基金回报的不确定性。专家建议投资者在操作时一定要随时关注银行的利率变化。

债券型基金并不承诺任何时候都不发生亏损，也不保证最低收益率。一般来讲，在同时满足下列两个条件时，债券型基金可能会发生投资亏损：一是短期内市场收益率大幅上升，导致券种价格大幅下跌，通常大幅加息或持续加息会导致出现这一情况；二是债券型基金发生大额赎回，不能将价格下跌的券种持有到期，为应对赎回被迫抛售券种后造成了实际亏损。通常情况下，债券型基金具有低风险、适度收益的风险收益特征，但不能说投资债券型基金一定不会亏损。

（2）债券价格的涨跌与利率的升降成反向关系。利率上升的时候，债券价格便下滑。要了解债券价格变化从而了解债券型基金的资产净值对于利率变动的敏感程度如何，可以用大家常说的久期（即债券持有到期的时间）作为指标来衡量。久期越长，债券型基金的资产净值对利息的变动越敏感。假若某只债券型基金的久期是五年，那么利率每下降一个百分点，基金的资产净值就会增加 5 个百分点左右；反之亦然。

（3）在购买债券型基金之前一定要弄清其信用度。既可以通过基金招募说明书，也可以通过基金投资组合报告进行前期了解。另外，对于国内的组合类债券型基金，投资者还需要了解其所投资的可转债以及股票的比例关系。基金持有比较多的可转债，虽然可以提高收益能力，但也放大了风险。因为可转债的价格受正股波动影响，波动要大于普通债券，尤其是集中持有大量转债的基金，其回报率受股市和可转债市场的影响可能远大于债市。

基金投资实例：债券型基金抗风险

张先生最早开始接触基金的时候很保守，只买了一些封闭式基金。经过两年的时间，张先生已经尝到了基金的甜头。但是他觉得市场的行情不会是一直见好的，为了保护已经获得的收益，他开始寻找一些别的投资品种。

经过慎重的考虑，他决定买债券型基金。到基金公司的时候，基金经理告诉他债券型基金分两种，一种是纯债型基金，另一种是配合股票投资的配置型债券型基金，两种债券型基金收益差别很大。纯债券型基金的收益率一般只有几个百分点，配置型债券型基金的收益率最高可达30%以上。张先生开始在网上了解这种类型基金的招募说明书和年报，知道了这种基金可以通过认购新股的形式获利收益，他觉得这种基金确实具有一定的投资价值。而且基金经理还告诉他这种债券型基金具有很强的抗风险能力。它的风险主要在于它持有一定的股票和可转债，虽然加起来最多百分之十几，但是如果这部分的跌幅达到50%，对基金的业绩影响也是很大的。

他平时比较忙，并且他知道散户购买新股的中签率很低，所以他就让基金经理帮他买新股，省心省力，并且中签率高。

为了能更好地了解债券型基金，获得更多的收益，张先生下了很大的功夫。首先他查到基金公司网上直销的申购费比银行低。网上直销的申购费都是0.6%，到银行买则是1%~1.5%。可不能小瞧这百分之零点几的费用，把网上直销的业务开通后，接着是把钱在银行间“搬家”。银行到处在排大队，把钱从一个银行取出来，然后存到另一个银行可不是一件容易的事。

刚好这时他的封闭式基金有一笔大额分红，张先生得到了5万元。当时他可以继续买入原有的封闭式基金，这样做最简单，但是风险也最大。他还可以买入债券型基金，或者是用来还房贷。最后，张先生选择买入债券型基金，因为他想：在股市平均市盈率超过40倍的估值水平下，不管股市涨跌，这种债券型基金年收益超过20%的可能性较大。果然，经过一年的时间，在2007年底这只债券型基金为张先生带来了40%的收益。

到了2008年，熊市行情来了，张先生购买的债券型基金的抗风险能力果然体现出来了。在那样超级熊市的大环境下，张先生的基金跌幅没有超过18%，总体成绩还是很不错的。保险起见，买配置型债券型基金也是很好的规划。

基金投资实例：中老年投资基金的学问

赵先生已经56岁，马上就要面临退休了。他目前的情况是有存款15万元，每月收入3 000元，购买了社会养老保险和医疗保险，但是没有购买商业保险。他觉得应该为自己以后的生活做一个规划。

对于已经步入中老年的人来说，最好的理财规划就是保护已经积累的财富，保证目前的生活水准，让已有财富在不发生损失的情况下有一定的增长，为以后的退休生活做好准备。在风险性投资方面，也应该把握住“稳”的原则。所以，对于想让财富的保值与升值的赵先生来说，投资风险较小的债券型基金是比较合适的选择。

对于56岁的赵先生来说，他所承担的风险性投资不应超过个人资金的45%；其他个人资金的35%可以投资到国债、银行固定收益理财产品等低风险项目上，同时留存20%左右的资金投资货币型基金，以便用于医疗等支出。

另外，赵先生的家庭投资不宜选择高风险的项目，应该以国债、基金、银行储蓄（或货币型基金）投资为主。具体来说，可以将15万元中的9万元用于购买国债，选择收益相对较高、免收利息税的短期国债，期限以不超过三年为宜，这样配置可以保证稳定的收益，作为晚年养老资金的储备；2万元用于购买债券型基金或保本型基金，虽然收益不高但风险很低；2万元用于购买货币型基金，存取很灵活，收益高于同期银行存款；剩下的2万元可存入银行作应急备用金。

这样的投资组合既可以满足赵先生对收益的追求，又可以有效降低投资风险，使资金渐渐增值。赵先生在退休以后还能够保证现有的一切物质条件，避免生活水平下降，在退休以后不至于承担过多的压力，快乐地度过幸福的晚年生活。

董承非操盘实录：稳健才是致胜的关键

人物介绍

董承非，1977年生，理学硕士。历任兴业全球基金管理有限公司研究部行业研究员，兴全趋势投资混合型证券投资基金（LOF）基金经理助理，现任基金管理部副总监，兴全全球视野股票型证券投资基金的基金经理（2007年2月6日起至今）兼兴全商业模式优选股票型证券投资基金（LOF）基金经理（2012年12月18日起至今），兴全趋势投资混合型证券投资基金（LOF）基金经理（2013年10月28日起至今）。

操盘分析

基金业内，投资风格五花八门。董承非属于特立独行的人，担任基金经理以来，他始终踩着自己的投资节奏，将自己的投资思维贯彻到基金操作中，并取得了不俗的成绩。董承非强调“风险收益比”，如果下跌的风险很大，而上涨的空间不能匹配，则一定要谨慎。他决策时能先看到坏的一面，这让他躲过了许多投资陷阱，也最终令他在长跑中胜出。

董承非2007年2月开始管理兴全全球视野基金。适逢牛市巅峰，他敏锐地抓住了金融、地产主线，基金净值高歌猛进。2007年底，当一些同行还沉浸在指数继续飙涨的狂欢中时，他冷静选择了大幅减仓，骨子里追求安全的基因令他躲过了随后的大调整。他宁愿错过后期疯涨损失一点收益，也不愿大调整来临后“栽跟头”。这一做法现在看起来非常明智，但当时却是非常艰难的决定，这为兴业全球视野基金的良好业绩奠定了基础。

董承非强调：“在挑选投资对象时，最重要的是研究、衡量其风险收益特征，寻找符合条件的低估值个股。我不会参与那种高估值的概念炒作。”“在市场的反复波动中，不如找准价值股后坚定持有。即便在市场波动中，它的股价不断上蹿下跳，但只要买入的核心理由没有发生变化，那就不必去理会。”

2009年，熊市过后掀起资源品、周期品的投资热潮，而董承非则重配消费股。尽管在2009年年初时面临压力，但随后风云变幻，非周期股柳暗花明，他坚持重配非周期股终于守得云开见月明。而在2010年，成长股泡沫严重，面对医药股高达五十多倍的市盈率，他将医药股清得一股不剩。

最能鲜明体现董承非这种“重估值”风格的，是在创业板炒作风潮中，董承非执掌的兴业全球视野始终按兵不动。在董承非看来，虽然不能否认创业板存在机遇，但从风险收益的角度来看，过高的估值已吞噬了大部分收益空间，风险收益存在明显的不对称。他说过，自己并非不关注创业板，而是在走访调研了二三十家上市公司后，最终决定放弃投资。他认为创业板公司的不确定因素太多了。

作为连续五年业绩胜出的黑马，董承非认为自己投资制胜的关键在于对风险的把握。在他看来，避免重大错误和选择优秀股票同样重要。

第八章

常赚久安
——货币型基金的投资技巧

货币型基金是一种类似于银行存款的基金理财产品。货币型基金主要投资短期债券、国债回购及同业存款等，可以给基民带来绝对安全的增值收益，同时又拥有与一般开放式基金一样的流动性，几乎与银行活期存款一样便利。因此，投资者往往将货币型基金当成银行存款的替代物，也称为“准存款”。

第一节 认识货币型基金

货币型基金是与股票型基金和债券型基金鼎足而立的基金品种。它是指投资于那些既安全又具有很高流动性的货币市场工具的基金。货币型基金投资对象的期限一般少于1年，主要包括短期国库券、政府公债、大额可转让定期存单、商业本票、银行承兑汇票等。

什么是货币型基金

货币型基金是聚集社会闲散资金，由基金管理人运作、基金托管人保管资金的一种开放式基金，专门投资无风险的货币市场工具。区别于其他类型的开放式基金，货币市场基金具有高安全性、高流动性、稳定收益性，具有“准储蓄”的特征。

投资小技巧

根据《货币市场基金管理暂行规定》的规定，我国货币型基金的投资范围包括：现金；一年以内（含一年）的银行定期存款、大额存单；剩余期限在三百九十七天以内（含三百九十七天）的债券；期限在一年以内（含一年）的债券回购；期限在一年以内（含一年）的中央银行票据；中国证监会、中国人民银行认可的其他具有良好流动性的货币市场工具。

货币型基金的特点

货币型基金首先是开放式基金大家族中的一种，并且它是界于银行存款和其他各种证券投资基金（比如股票型基金、债券型基金等）之间的一种理财工具。货币型基金是一种具有高安全性、高流动性和高稳定性的投资基金品种。在很多发达国家，它几乎是家庭和企业最主要的投资理财工具。其主要特点如下。

一、低风险

由于投资对象主要是一些期限较短、流动性较高的货币市场工具，并且不断地进行滚动投资，因此，货币型基金的收益总是能迅速跟上利率的最新变化，能够获得超过同一时期定期储蓄存款的收益率。其投资组合承担的利率风险极低，在通货膨胀和短期利率上升的环境中表现优于债券型基金和股票型基金。另外，货币型基金持有的金融工具的发行人以及货币市场的参与者都是信用等级极高的金融机构或政府部门，所以信用风险和商业风险较低。

二、交易成本低

货币型基金认购、赎回全部免费，没有成本。货币型基金一般免收申购赎回费，管理费率也较低，约为0.25%～1%，低于其他类型的基金。当股票或债券市场行情发生变化，投资者想改变投资方向时，可转向其他基金，且只需交纳很低的费用，大大降低了投资成本。

三、流动性好

由于货币型基金的投资对象主要是流动性强的高品质短期债券或银行票据，基金的资产极易转换成现金而几乎不会遭受损失。因此，基金的赎回非常容易，其交易也非常活跃。普通投资者可以将货币型基金的投资作为暂时流动性储备，或者将其作为投资股票与中长期债券的一个低风险避风港。

四、便捷性

货币型基金操作便捷，月复利分红，不交所得税。货币型基金在国外又称“准储蓄”，它是一种比储蓄收益更具潜力的投资。从操作上讲，投资这种基金最容易操作，过程也最简单，是所有共同基金中最稳健和最基本的投资工具，操作类似于银行的活期储蓄存款，因此十分方便。但是，相比较于其他金融投资工具，其收益是比较低的。

从操作上讲，投资货币型基金最容易操作，过程也最为简单，是所有共同基金中最稳健和最基本的投资工具。

货币型基金与人民币理财产品的区别

目前，货币型基金主要投向于短期债、中国人民银行票据、债券回购等，与人民币理财产品投资范围大致相同。业内人士认为，两者的差别主要集中于安全性、收益率、流动性、灵活性、起购点等方面。从目前的情况看，货币型基金比人民币理财产品更胜一筹。两者的比较如表8-1所示。

表8-1　货币型基金与人民币理财产品比较

理财产品	申购门槛	流动性	管理机构	收益率	风险	手续费
货币型基金	一般为1 000元	随时申购赎回	基金公司	平均高于3%（年息）	按当月收益计算	没有费用
人民币理财产品	最低为10 000元	按产品不同最低为一年	银行	因产品不同而定，最低2.5%（年息）	中途赎回损失收益	提前解约需缴纳一定的手续费

一、收益性比较

货币型基金和人民币理财产品都是相对安全的理财产品，货币型基金具有月月复利、加息加利、滚动投资、收益免税等特性，因而有可能获得更高的收益。比如，近来几只货币型基金7日年化收益率都达到了3%以上。

人民币理财产品的收益率相对略低，并且收益率与投资年限息息相关。人民币理财产品由于固有的期限，不能享受加息加利的好处，不能进行滚动投资，这使其机会成本较高；同时，人民币理财产品往往规定了一个定期理财的比例，一般为10%~40%不等，这在一定程度上束缚了理财产品博取收益的手脚。相对于人民币理财产品而言，货币型基金在收益性上具有比较明显的优势。

二、流动性比较

流动性是人民币理财产品和货币型基金的另一个主要区别。有“活期储蓄”之称的货币型基金一个很大的优势就是流动性，客户可以随时申购、赎回，非常便利。在买入基金后的第2个工作日起，就可进行赎回。相比而言，人民币理财产品更像是“定期储蓄”的替代品。人民币理财产品属于封闭式管理，且收益率与年限挂钩，不能随时赎回，流动性受一定限制。

三、起购点、购买手续比较

货币型基金申购起点一般都在1 000元左右，辅以一些特定的投资计划，参与门槛可进一步降低。比如，南方基金公司的定期定额投资计划，申购门槛只有200元。相比之下，购买人民币理财产品的门槛要更高。多数银行对购买者还有一些其他的要求和限制，比如还要搭售一定比例的定期存款等。

四、风险性比较

在利率风险方面，属于定期理财的人民币理财产品有一定风险，由于投资者不能中途取款，可能导致收益率低于未来的储蓄利率；而投资灵活的货币型基金则可以较好地应对这一趋势，因为其收益率将能随着所投资品种收益率的提高而“水涨船高”。

在再投资方面，人民币理财产品的定期特征可能意味着较高的机会成本，而投资流动性较高的货币型基金则可以在更多的投资品种间灵活转换。

综合以上对两种产品的比较分析，我们可以看出两种产品在一定程度上可以相互替代，但在收益性、流动性、透明度、规范运作等各个方面，货币型基金都较人民币理财产品胜出一筹。

货币型基金与其他基金的比较

股票型基金与债券型基金广大投资者都很熟悉。货币型基金与股票、债券型基金相比，在募集、运作模式上基本相同，但是货币型基金作为一种独特的制度安排，在许多方面都与股票型基金和债券型基金有着明显的区别。货币型基金与股票、债券型基金相比有着自己的优势，如表8-2所示。

表8-2 货币型基金与股票、债券型基金的比较

区别 \ 基金类型	股票型基金	债券型基金	货币型基金
投资目标	获取较高的资本利得	获取稳定收入	获取稳定收入
投资对象	以股票为主	各类债券	货币市场工具
预期收益	最高	次之	最低
投资风险	最高	次之	最低
主要优势	预期收益高	收益稳定	流动性好

（1）从投资对象来看，股票型基金和债券型基金的主要投资对象为股票、股权凭证、国债、公司债、企业债、可转换公司债、资产支持证券等；而货币型基金则投资于政府短期债券、短期商业票据（CP）、银行同业存款、银行间回购等。

（2）计价份额和方式的区别。货币型基金每份份额净值始终保持在一元，超过一元后的收益会按时自动转化为基金份额，拥有多少基金份额即拥有多少资产，十分简明直接。而其他基金产品则是份额不变，通过净值的变化来反映你资产的变化。

（3）每天计利，每月分红。货币型基金是商业银行及其他存款机构的储蓄和活期存款的良好替代物，采取每天计利的利息计算方法，通常会公布7天的平均年化收益率，来计算投资者投资期间的累计利息。货币型基金采取每月分红的方式，将累计利息按月发送到基金投资人的账户上，使投资人的收益定期落袋为安。

（4）从投资目的来看，货币型基金是所有资金的避风港湾。一般而言，发行货币型基金的基金公司也发行了股票、债券或者其他类型的多种基金。若投资者想规避股票、债券类基金的风险，可以将各种基金转换成该公司的货币型基金，而不必缴纳或者仅缴纳较低的转换费。

（5）从投资成本看，货币型基金不收取认购费、赎回费，年管理费一般只收取基金资产净值的0.2%～0.5%，比股票型基金和债券型基金的年管理费（1%～2.5%）更低。从投资收益来看，货币型基金的收益波动没有股票型基金和债券型基金那么大。其稳定的收益特征非常类似于活期存款。

货币型基金的风险

尽管货币型基金风险较小，但并不代表没有风险；虽然货币型基金的收益稳定，但并不等于保证收益。货币型基金并不承诺本金任何时候都不发生亏损，也不保证最低收益率。

一般来讲，在同时满足下列两个条件时，货币型基金可能会发生本金亏损：一是短期

内市场收益率大幅上升，导致券种价格大幅下跌；二是货币型基金同时发生大额赎回，不能将价格下跌的券种持有到期，抛售券种后造成了实际亏损。据有关测算表明，单日货币型基金发生本金亏损的可能性很小（概率约为0.061 17%），如持有一周或者一月，则本金损失的概率接近于0。随着持有期的延长，由于市场风险所导致的亏损概率会降到非常低。而国内货币型基金按规定不得投资股票、可转换债券、AAA级以下的企业债等品种，因此发生信用风险的概率更低。

但是选择货币型基金的时候，还是要慎重。一般来说，尽量选择规模相对较大、业绩长期优异的货币型基金进行投资，因为规模越大，基金操作腾挪的空间越大，越有利于投资运作，也能更好地控制流动性风险。正如别人所说，货币型基金流动性好，但并不代表保证流动性，所以选择的时候还是要擦亮眼睛。

第二节　货币型基金投资技巧

货币型基金作为证券市场中的后起之秀，越来越受到投资者的关注。其突出的优点让我们不难相信，货币型基金将成为未来中国人现金管理的主要工具，掌握如何购买货币型基金或许能为您的日常理财带来很多帮助。

如何购买货币型基金

货币型基金的申购方法与其他基金基本一样，投资者可以到指定的银行、证券营业部、基金公司柜台或者通过网络申购相应的货币型基金。所不同的是，货币型基金的投资成本很低，其申购和赎回不需要交纳任何手续费，管理和托管费用金额也较小。目前国内的货币型基金已基本实现赎回到账T+1日，即当日缺钱申请赎回，次日就可以拿到现金。每日下午3点之前交易算当日，赎回资金一般于下午5点后到账。

购买货币型基金，最重要的一点是选择合适的货币型基金。当然，这比选择投资股票简单很多，投资者通常应遵循以下三条原则。

一是购买货币型基金要注重流动性而不是收益率。资金安全第一，尽量选取投资组合平均、剩余期限相对较短的产品。如要赚取更高收益率，不如购买股票型基金或债券型基金。

二是买高不买低，即选择年化收益率较高的货币型基金，一般通过关注评级机构对各类基金的排名获得相关信息。

三是买旧不买新，即成立时间较长，经历过市场考验、发展成熟的货币型基金更受投资者青睐。

如何衡量和计算货币型基金的收益

衡量和计算货币型基金收益的指标很多，分别代表了不同的含义，具体如表8-3所示。

表8-3 计算货币型基金收益的指标

指标	分析
基金日收益	指公告日每万份基金份额的日收益
基金七日收益率	指以最近七日（含节假日）收益所折算的年资产收益率
基金近30日收益率	指以最近30日（含节假日）收益所折算的年资产收益率
基金今年以来收益率	指以今年所有收益所折算的年资产收益率
基金成立以来收益率	指以基金成立以来所有收益所折算的年资产收益率

通常反映货币型基金收益率高低的指标有两个：一是七日年化收益率；二是每万份基金单位收益。

货币型基金的单位净值永远是1元，它的收益是每天分配的，收益分配公布方式就是“万份收益”和“七日年化收益率”。“万份收益”是投资者每天实际得到的收益。“七日年化收益率”是考察一个货币型基金长期收益能力的参数。一般而言，“七日年化收益率”较高的货币型基金，获益能力也相对较高。

不同的份额结转方式使货币型基金在收益指标上丧失了可比性。从日每万份基金净收益指标看，按日结转份额的基金在及时增加基金份额的同时，也会摊薄每万份基金的日净收益。同时，份额的及时结转也增加了管理费计提的基础，使日每万份基金净收益有可能进一步降低。从最近七日年化收益率指标看，按日结转份额的最近七日年化收益率相当于按复利计息。因此，在总收益不变的情况下，其数值要高于按月结转份额所计算的最近七日年化收益率。

投资小技巧

尽管货币型基金的风险较低，但并不意味着货币型基金没有投资风险。我们建议投资者在选择货币型基金时，不要把收益率作为唯一的参考指标。投资者在选择货币型基金时应重点考察基金的流动性情况和服务情况，规模较大、到账快的货币型基金应该是首选，在此基础上，再考虑其阶段收益率和收益率的稳定性。

货币型基金巧转换收益更高

现金管理是投资者进行投资理财的重要一环。货币型基金是目前最好的现金管理工具，具有收益稳定、买卖免费、天天有息、分红免税等特点，可完全满足现金管理的要求。但大多数投资者将货币型基金仅仅理解为获得稳健收益的投资工具，而忽略了货币型基金的转换功能。其实，巧妙利用货币型基金的转换功能，可以降低交易成本，实现更高收益。

货币型基金的流动性有两方面含义：一是能否迅速转换为现金，以便用于消费支出；二是在市场机会来临时能否快速地转换为所需要的投资品种。前者对于大多数货币型基金来说都是相似的，无多大区别，但后者则相差很大。

假设投资者已经购买了 A 货币型基金，但此时股票市场已出现转机。为了抓住这次市场机会，投资者可以立即赎回 A 货币型基金，等资金到账之后再去申购 B 股票型基金。在此过程中，来回申购赎回，要耗费五个工作日即一个星期的时间，不仅延误投资时机，而且手续繁琐，在申购、赎回股票型基金时还要支付高额的申购赎回费。但如果 A 货币型基金和 B 股票型基金刚好是同一家基金公司旗下的基金，则情形就大为不一样了：当您看好市场时，只需方便地将 A 货币型基金转换为 B 股票型基金，马上可享受市场上涨收益；当不看好市场时，再将 B 股票型基金转换为 A 货币型基金，可立即避免市场风险，手续简便，费率低廉。

货币型基金的交易要点

在股票市场相对低迷的情况下，货币型基金以银行活期存款的流动性比高于一年期定期存款税后利率的收益还是有一定吸引力的。投资者在选择货币型基金时，应该注意以下几个方面。

一、短期资金才可考虑购买

对于投资者而言，货币型基金只是一种短期的投资工具。如果投资者手中的钱是当成活期或在短期内，如一个月、两个月用，才适合去购买货币型基金。如果手中的钱是在一年以上不用，则最好根据市场情况考虑选择投资国债、股票型基金、混合型基金等。因为这些投资产品在较长的时间里，通常会为投资者带来高于储蓄存款或货币型基金的收益。

二、注意基金设立时间

新基金成立后从开始投资运作、建仓完毕到组合收益达到市场平均水平，需要一个过程。如果在利率不断上升的环境下，新基金可以购买收益率较高的券种，这种建仓损失就会很小，甚至可以忽略。而在一个利率不断下降的过程中，新基金只能购买收益率相对较低的券种，这种建仓损失就要考虑在内。我国货币市场工具收益率不断下滑，从收益的角度来看，选择申购一只成立有一段时间、业绩相对稳定的货币型基金，对于投资者也许是一个更明智的选择。

三、选择规模较适中的货币型基金

规模大的货币型基金在银行间市场投资运作时，具有节约固定交易费用、在一对一询价中要价能力强等优势，而且抵御赎回负面影响的能力也相对较强。但规模过大可能导致基金无法买到合适的投资品种，进而影响其收益水平。因此，投资者应更多关注规模适中、操作能力强的货币型基金。

四、看排行榜，通过比较购买

对于任何种类的基金来说，其最终收益都会受到运作水平等因素的影响。当然，货币型基金也就不会例外。在同等时间内，每只货币型基金的收益上都不会等同，有多，有少。因此，如果投资者想购买货币型基金，他就需要对每一只基金进行综合衡量，只有这样才能做到优中选优。

五、把握买入时机，灵活转换

按照现行银行划款系统和基金计息方式，投资者第 T 日在代销机构（银行和券商）申购货币型基金，T+1 日确认并开始享受每日基金投资收益。需要强调的是，这里的 T、T+1都是指交易日。因此，投资者要坚决回避在法定节假日前一天申购货币型基金。此外，由于货币型基金申赎没有手续费，因此可以在货币型基金之间灵活转换。

基金投资实例：灵活运用货币型基金创收益

王先生是一位普通的上班族，刚上班的时候也不太懂理财，每月发完工资后就存在银行卡里面了，平时消费主要是刷信用卡。这种信用卡是与工资卡连通的。父母为他按揭买了一套房子，每月需要他自己按时还款。除了房屋按揭款，他的日常开销也不少，每月下来也剩不下多少钱。另外，他还担心信用卡因透支过期还不上而影响信用，还要多交利息，所以也不敢拿钱出来投资。

有一次，王先生去存钱时听银行工作人员介绍，说工资账户所在银行发行的货币型基金可提供支付功能。而且利用手头信用卡和借记卡（工资卡），再结合该货币型基金进行组合投资，还能够有所收益。他觉得挺新鲜的，就和银行签了约。

王先生在银行（认）申购某货币型基金时，与银行签订相关服务协议，根据自己的实际情况选择了自动申购、赎回及赎回还款等服务。每月 10 日工资到账后，将部分工资“自动申购”成货币型基金，在享受货币型基金收益率的同时，避免了每月去网点排队缴款申购的麻烦。而日常生活消费则主要利用信用卡。同时通过“自动赎回”服务，在每月账单支付日及按揭款还款日前将该货币型基金自动赎回，完成账单支付和按揭款还款。此外，还可将货币型基金自动赎回以还清信用卡透支款。

经过几个月的使用后，王先生发现实际上等于利用发卡行的资金免费消费，同时货币型基金账户又积累了一笔可观的财富。

王先生发现，当前市场上的货币型基金平均收益率在 2% 左右，比 0.576% 的活期存款税后利率高出数倍。而且，货币型基金与存款、国债单利计息不同，实行按日计息、按月结转份额，这是复利。长期下来，其中利息差不容小视。同时，王先生的信用卡在半年内刷卡 6 次还可免去年费。因王先生平时消费主要靠透支刷卡，无形中还积累了不少积分奖励，这样一年下来，除享受免年费待遇，还能获得礼品奖励呢！

王先生将自己的投资经验告诉了好朋友小李，让他也能像自己一样去理财规划。可是小李在操作中遇到了问题。他去王先生办理的银行办理了手续，但他的工资卡是另一家银行的，在实际操作中会遇到很多麻烦。所以，他想提醒投资者，想和他一样进行投资的朋友应注意，一定要选择属于同一家银行的借记卡（工资卡）、信用卡；而且可根据自身要求，任选或更改自动申购（赎回）的时间、申购（赎回）的金额，也可随时取消自动申购（赎回）服务。

基金投资实例：巧用货币型基金理财

冯小姐是一家外企的员工，平时与外国人接触多了，也深受他们生活理念的影响。以前，她和老公的钱都是简单地存个半年或三个月的定期。她也想让自己手中的钱利用起来，多挣点外快。她从同事那里打听到买货币型基金不错，但她老公总是觉得投资风险太大，还不如存定期获得点利息算了。而且，他们正准备买套房子，手里也没有多余的闲钱。

经过几个月的时间，他们终于看中了一套房子。因为原本预算的首付是 35 万元，结果房子价格比他们预期的低一些，而且订得早，也给了点折扣，首付实际只付了 32 万元。手头上一下子有了 3 万元的闲钱，他们就开始思量怎么打理这点闲钱。

冯小姐又说服了老公，决定投资货币型基金。他们经过慎重考虑后决定买两种货币型基金，打算每种先买 2 万元，看看收益再说。他们手中仅有 3 万元，没办法又东拼西凑地凑够了 1 万元，终于顺利买进了基金。

她是先办了一张卡，开通了网上银行的服务（这样方便自己在家上网买进卖出），把钱存到卡里，然后告诉银行大堂经理，要买基金，填了两张表，签了名，就可以了。只需要第一次去银行柜台，以后就可以自己在网上操作了。

刚买完货币型基金的那几天，他们心中十分的兴奋，每天都通过网上银行查看有没有分红。结果总还是那么多钱，他们觉得挺失望的，就好几天没看。但过了半个月又看了一下，一只基金的 2 万元变成了 20 010. 72 元，他们一下子高兴坏了，才十几天就有十块钱的盈利。而另一只基金也分红了，有 20 014. 25 元。他们感觉还不错，于是之后每隔两个月都要再补一点钱进去。经过半年多的投资，已经初见成效，冯小姐觉得自己买基金的决定是非常正确的。

邵健操盘实录：选股是价值投资的重点

人物介绍

邵健，嘉实增长混合型基金经理，经济学硕士；1998 年至 2003 年任职于国泰君安证券研究所，历任研究员、行业投资策略组组长、行业公司部副经理，从事行业研究、行业比较研究及资产配置等工作；2003 年 7 月加入嘉实基金管理有限公司投资部，现任公司总经理助理；2004年4月6日至今任嘉实增长混合型基金经理；2006年12月12日至2013年6月7日任嘉实策略混合型基金经理；2013年6月7日至今任嘉实优质企业股票型证券投资基金经理。

操盘分析

邵健以挖掘成长股在市场上扬名，他靠的是精选真正具有长期增长价值的股票并耐心持有，任凭题材股、周期股起起落落，我自岿然不动。

嘉实增长基金是一只重点投资于预期利润或收入具有良好增长潜力的成长型上市公司的基金，成长风格十分突出。在邵健管理嘉实增长的八年间，该基金累计回报高达382.63%，位居同类基金第一名。在邵健看来，嘉实增长之所以能基业长青，第一是归功于中国经济的快速增长，提供了优秀的投资标的；第二是坚持一贯的原则选择高增长企业，并有一整套体系、方法去寻找和实现这些目标；第三是团队合作。他把投资的成功归结于成长投资、优选股票、均衡配置。

在过去的投资中，邵健一旦认定是好股票之后，就不再看重一些短期的利率、宏观经济等风险。这首先表现在仓位选择上。邵健直言，从四五千点以来，他一直保持满仓操作。过去的数据表明，嘉实增长混合型基金仓位大部分时候稳定在70%左右，该基金契约规定的最高仓位线为75%。

这种满仓操作在一定时期内也会使邵健遭受一些压力。例如，2010年上半年，善于主题投资的同门基金经理邹唯依靠低仓位躲过市场大跌，成为上半年的业绩冠军。而依旧保持较高仓位的邵健，则在业绩上明显与其拉开了差距。

邵健一直坚持的还有自己的行业偏好。从以往投资的股票来看，邵健明显偏爱食品饮料、生物医药、机械设备以及金融板块股票。不管是在什么市场特征下，他重仓的前几大行业名单一直较稳定。对于一度在市场上很热的如水泥、环保、电子等其他板块，邵健只是偶有涉及，极少大肆持有。尽管很多个股在邵健长期投资生涯中屡屡出现，但他并非从不换手。在这些个股股价偏高时，卖出也同样坚决。从过去的重仓股名单来看，邵健投资的股票往往在一两年甚至半年的时间内被换掉，个股的换仓较及时。

以贵州茅台为例，邵健最早在2004年年底就曾经买入，持有到2005年之后卖出，到了2008年，他再次买入，但2009年重仓的个股中已经没有贵州茅台。到了2010年底，贵州茅台重新出现，并一直持续到2012年中期。

邵健的投资标准涵盖五个维度：一是考虑系统性风险大小；二是个股是否带来超额收益；三是行业集中度如何；四是投资组合是否具有兼容性，能适应多种市场情境；五是组合管理难度不大。这样选出来的股票，适应性很强。

第九章

稳中求赚
——保本型基金的投资技巧

保本型基金将大部分资产从事固定收益投资，使基金投资的市场不论如何下跌时，绝对不会低于其所担保的价格，而达到“保本”的作用。

第一节 认识保本型基金

国际上，保本型基金可分为保证和护本基金两种类型，其中护本基金不需要第三方提供担保。一般来说，保本型基金将大部分资产投资于固定收入债券，以使基金期限届满时支付投资者的本金，其余资产约15%～20%投资于股票等工具来提高回报潜力。

保本型基金的定义及特点

保本型基金是指在一定投资期限内（如三年或五年），对投资者所投资的本金提供100%或者更高保证的基金。也就是说，基金投资者在投资期限到期日至少可取回本金保证，而同时如果基金运作成功，投资者还会得到额外收益。

保本型基金的保本承诺具有一定期限，投资者只有持有到期，才能获得保本的保证。如在保本期内赎回则可能不会获得保本的保证，而且一般要支付较高的赎回费用。一般而言，保本型基金在保本周期到期后有三种方式解决到期问题：一是自动延期，即进入下一个保本周期运作；二是投资者可以转换成该公司旗下其他基金；三是转型成其他形式的基金，有些保本型基金甚至在合同中明确规定到期后不会再延期，而是将彻底转型。与银行存款或国债投资相比，保本型基金具有较高的增值潜力。

保本型基金具有图9-1所示的三大特点。

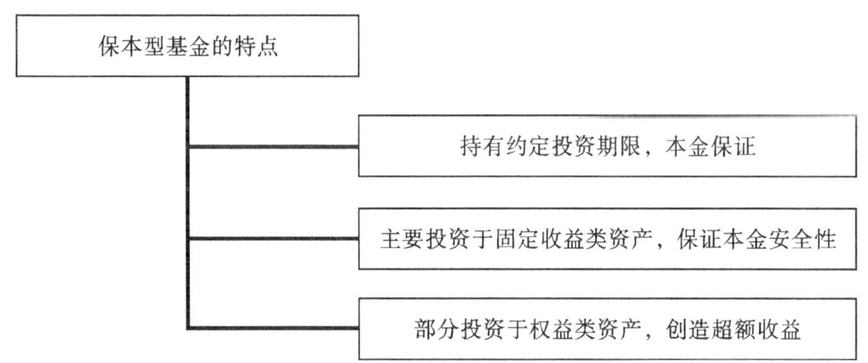

图9-1 保本型基金的特点

在局势不明朗的市场环境中，保本型基金优势明显。如果市场下挫，保本型基金从制度设计上规避了本金损失风险，为投资者的资金安全奠定了基础；如果市场上涨，保本型基金可动态调整风险资产比例，在保证收益资产可能的损失额不超过安全垫的基础上，实现基金资产最大限度的增值，分享市场上涨收益，做到“退可保本，进可增值”。股票市场难以把握，投资难度加大，在这种市场环境中，保本型基金是一种较好的投资选择。

投资保本型基金的优势

保本型基金是一种风险很低的基金品种，在所有现有的基金产品中，其投资风险是最低的，这是因为保本型基金保障了投资者持有基金到期能够获得本金保证。具体来看，保本型基金具有以下特点。

一、保障本金安全

由于保本型基金的核心特点就是在投资者持有基金到期时可以获得本金保证，因此，投资者投资保本型基金就可以使本金免受损失。一般保本型基金在基金合同上都写明了本金的安全程度。保本程度包括部分保证本金安全，如保证90%的本金；保本型基金都会规定一个保本期，基金持有人只有持有该保本型基金到期，才能获得保本的保证；保本期内赎回则不会获得保本保证，投资者不仅要自己承担基金波动的风险，而且还可能要支付较高的赎回费用。另外，保本期内一般不接受基金的申购。这种半封闭性使保本型基金较适合于以中长期投资为目标的投资人。

二、增值潜力

保本型基金在保证投资者本金安全的同时，还可以通过股票或各种金融衍生产品的投资分享证券市场的收益。与银行存款或国债投资相比，保本型基金具有较高的增值潜力，在保证本金回报的同时具有较高的预期收益。

三、风险小

在风险特性上，保本型基金的投资风险明显低于其他基金品种，特别适合于那些不能承受本金受损，但又希望能够在一定程度上参与证券市场投资的投资人。

投资小技巧

在一段时间内保证本金安全，一般来说投资者只有全程参与保本期，本金才能得到保证。而其间后进、先出的投资者，并不享受基金合同中的保本条款。

从本质上讲，保本型基金是一种平衡型基金，主要通过投资组合中固定收益类资产（以债券为主）和股票、衍生金融产品（期权）的策略配置来达到基金保值增值的目标。这类基金产品虽然风险较低，但并不放弃追求超额收益的空间。所以，这类产品颇受投资者的青睐，如中国香港和台湾地区以新加坡在前段时期股市不景气的状况下，保本型基金大行其道，创下了基金销售的佳绩。而在牛市中，由于这类产品能分享股市上涨带来的收益，所表现出来的盈利能力并不比股票型基金差多少，因而也有很强的市场竞争能力。可以说，无论牛市、熊市，保本型基金都有很强的卖点。

适合投资保本型基金的人群

保本型基金保证本金安全，整体风险水平较低。因此，对于各类型投资者而言，保本型基金具有明显的平滑风险的作用，是优良的配置型基金品种。此外，目前国内保本型基金的保本周期大多为三年，这对于中长期投资者，特别是三年后有约定现金流出的中期机构投资者具有明显的优势。最适合投资保本型基金的人群通常有表 9-1 所示的几种。

表 9-1 最适合投资保本型基金的人群

分类	分析
爱储蓄的人	不愿意承受本金损失，又希望适度参与证券市场投资，以获取增值收益的银行储户
爱稳健的人	风险偏好水平较低，希望获得较债券型基金更高收益的基金投资者
有特定用途的资金	为未来大额支出进行储备的中长期投资者，例如准备子女教育基金、养老基金等
怕风险的人	为资金寻求“避风港”的投资者
有很多钱的富人	有资产配置需要，希望在不同风险等级投资品种中进行均衡配置的投资者
震荡股市的无奈者	在局势不明朗的市场环境中，做到“退可保本，进可增值”

总体来说，保本型基金特别适合那些不能承受本金损失，而又希望在一定程度上参与证券市场投资的投资人。在证券市场波动较大或市场整体低迷的情况下，保本型基金为风险承受能力较低，同时又期望获取高于银行存款利息回报，并且以中长线投资为目标的投资者提供了一种风险极低且具有升值潜力的投资工具。

保本型基金与货币型基金的比较

货币型基金和保本型基金虽然都主要投资于债券资产，但其投资范围存在差别，具体如表 9-2 所示。

表 9-2 货币型基金和保本型基金的投资范围区别

简称	投资范围
货币型基金	主要为高信用等级短期债券、中国人民银行票据、回购
保本型基金	分为安全资产和风险资产。安全资产为投资保本期内到期的固定收益类证券 风险资产投资于股票、可转债和剩余期限长于保本期的债券

货币型基金的投资空间局限在短期金融工具，但投资可以更加灵活。因为短期货币市

场的投资品种风险都很低，货币型基金可以将配置的重点集中在流动性和收益上面。

多数货币型基金的面值永远保持1元，收益天天计算并分配给基金持有人，每月结转为相应的基金单位一次（即分红），投资者享受的是复利，而银行存款只是单利。每月分红结转为基金份额，分红免收所得税。买卖货币型基金一般都免收手续费，认购费、申购费、赎回费都为0，资金进出非常方便，既降低了投资成本，又保证了流动性。首次认/申购1 000元，再次购买以百元为单位递增。

保本型基金投资于债市以稳健型防守为主，力求超额收益为辅。保本型基金所提供的归还本金保证，只有在基金持有到期时才能兑现承诺。如投资人提前解约赎回，不但无法享有保本保证，而且通常还必须负担赎回费用。同时，保本型基金在保本周期内申购和赎回受到限制。目前已开放的银华保本型基金二期虽然开放申购，但保本周期内申购的份额不享受保本条约。

保本型基金是如何保本的

保本型基金是执行保本投资策略的特殊类型基金产品，其特点在于承诺在一定期限内为投资者提供一定比例的本金保障，并在此基础上分享市场上涨收益。保本型基金的“保本”主要通过两方面机制来实现。

一、运用投资组合保险策略实现基金保值增值

一般投资人将基金资产分为保本资产和收益资产两部分。保本资产主要投资于低风险的债券等固定收益类品种，收益资产主要投资于股票等权益类资产。投资人只有确保投资债券等保本资产取得的收益大于投资股票等收益资产可能发生的亏损额，基金才能实现保本目标。在牛市中提高股票投资比例，而在熊市中提高债券等固定收益类投资比例。在这种前提下，再发挥基金管理人的择股优势，保本型基金在确保本金保值的前提下，一定程度上分享市场行情上涨所带来的收益，其“攻守兼备”的特点符合大多数投资者既规避风险又追求收益的心理。

二、由第三方提供本金安全担保

引入担保机制，由商业银行、保险公司、担保公司等金融机构对基金产品进行担保。目前国内保本型基金均采用符合资质要求的担保机构（银行、保险公司、大型企业）进行担保，且具有法律效应。目前国内保本型基金约定，投资者在认购期内购买并持有到保本周期结束，可以享受保本约定。

总而言之，保本型基金属于低风险、收益较稳定的基金品种，是行情低迷时较好的避险产品，具有保值增值的功能。从长期来看，其收益明显高于银行定期储蓄，因而具有良好的储蓄替代功能。在市场波动较大或市场整体低迷的情况下，保本型基金为风险承受能力较低，并且以中长线投资为目标的投资者，提供了一种低风险同时又有升值潜力的投资工具。

保本型基金的风险

与其他各类投资基金相比，保本型基金的风险要小很多。从其具体运作来看，保本型基金一般是用孳息或极小比例的资产从事高风险投资，而将大部分的资产从事固定收益投资，因此业绩表现较稳定，在很大程度上保证了本金的安全。但是，不要以为保本型基金风险小就安全，风险小并不意味着完全没有。保本型基金的投资也是存在一定风险的，这些风险可能来源于多个方面。投资者在投资保本型基金时，要注意防范各种风险，避免亏损。

一、市场波动因素

保本型基金不等于将资金存放在银行或存款类金融机构，在市场出现巨大波动、相关机构履行保本义务出现困难等极端情况下，仍然存在本金损失的风险。如果市场短期内突然巨幅下跌，且下跌过程中流动性极度丧失，以致于放大了的风险暴露部分来不及变现就击穿了净值保本线。而且，一旦投资标的市场处于频繁的剧烈波动状态，引发大量的赎回，基金不得不频繁地调整风险资产与固定收益资产间的比例，运作成本增加，影响了保本目标的实现。此外，保本型基金的收益也有波动，各家基金的业绩水平不尽相同。如果考虑通胀因素，有的基金虽然绝对收益水平是正的，但扣除物价上涨因素后，本金其实也是缩水了。

二、基金公司因素

基金管理人风险监控与内控管理不严，未能严格执行策略，导致基金投资到期不能保本。从整体制度安排而言，保本型基金投资风险的防范通过为保本型基金引入担保机构可得到有效增强。

尽管保本型基金的风险比较小，但并不意味着它完全没有风险。而且，对于大多数保本型基金而言，一般会规定一定的期限。因此，如果投资者将未来需“急用”的钱投向保本型基金，就需要考虑其中的风险了。

第二节　保本型基金的投资技巧

保本型基金对于风险承受能力比较弱的投资者或在未来股市走势不确定的情形下，是一个很好的投资品种。它既可以保障所投资本金的安全，又可以参与股市上涨的获利，具有其特定的优势。

挑选保本型基金的技巧

在挑选保本型基金时，投资者应考虑以下几点。

一、看清保本条款

在选择购买哪只保本型基金时，最重要的是看保本型基金的“保本”条款。首先，投资者在投资时要看清保本期，只有在募集期的保本型基金才能保本。因为保本型基金的保本承诺有认购保本和申购保本之分，现在市场上的所有保本型基金中，大部分都是对认购保本作承诺。简单来说，这些保本型基金只有投资者在募集时购买的份额才能享受保本的待遇，在之后打开申购的时间里购买的份额是不能享受保本的。对投资者来说，如果想保本，则只能考虑申购正在募集期的保本型基金。

接着还要看保本的额度是多少，基金的保本额度是80%、90%，还是100%。高的保本额度意味着低的风险投资额度，也就意味着资本增值能力有限，未来取得高收益的可能性也就越低。相反，如果保本额度低，那么用来做高风险投资的资金也就越多，基金的资本增值能力就越强，未来取得高收益的可能性也就越高。因此，随着保本额度的增加，风险随之减小，预期收益也会减少。建议投资者要根据自己的风险承受能力来选择投资哪种保本型基金。

二、关注基金公司综合实力和基金经理的资产管理能力

保本型基金通过对保本资产的运作获取安全垫，超额收益主要取决于风险资产部分的运作以及风险资产乘数的设定水平。风险资产部分的运作水平取决于基金管理人的投资管理能力。此外，风险资产乘数的设定水平也直接反映了基金管理人的投资管理能力。因此，在选择保本型基金时要综合考察投资能力以及过往基金管理业绩。

三、选好时机

保本型基金是大部分资金投资于固定收益证券，少部分资金投资于股票或衍生工具。这一特点决定了它在股市比较低迷时往往能够表现出良好的抗跌性，保持一定的净值增长率。因此，在股票市场低迷的情况下，投资保本型基金是明智的选择。

一般来说，投资期限越长，越可能做到保本加保息。但如果要求保障的程度高，投资的参与率就更少。如果投资者要求保障的程度高，可以选择投资参与率较低的保本型基金。相反，如果投资者希望增值潜力大，那么可以选择参与率相对较高的保本型基金。当然，参与率高也意味着风险相对较高。

四、看清风险

投资者要看清风险资产配置范围以及保本策略，选择适合自己风险偏好的基金。保本型基金可以投资于股票等风险资产的比例上限不同，有的是30%，有的是40%，有的甚至只有15%。理论上看，股票风险资产上限较高的基金风险收益高于上限较低的基金。

而且，提前赎回保本型基金还有可能“被惩罚”。保本型基金的份额变化都比较小，有点类似封闭式基金。因此，保本型基金会把绝大部分的钱用来投资，不像开放式基金那样，随时留一笔现金出来应对赎回，而出现赎回时会比较被动。因此，对于提前赎回的投资，保本型基金的赎回费率比较高，带有一定的惩罚性质。

保本型基金到期的处理

保本型基金是指在一定投资期限内，对投资者所投资的本金提供100%或者更高保证的基金。投资者享受保本的这段期限称为保本期，保本期到期的当日称为保本到期日。保本型基金到期时，可保证投资者取回本金，同时，如果基金运作成功，投资者还会得到额外收益。

根据相关保本型基金的合同约定，保本型基金在保本周期到期后有以下几种方式解决到期问题：

一是自动延期，即自动进入下一个保本周期；

二是投资者可以转换成该公司旗下的其他基金；

三是转型成其他形式的基金，有些投资者会在保本型基金合同中明确规定到期后不会再延期，而是彻底转型成其他形式的基金。

保本型基金的投资策略

虽然保本型基金可以给投资者带来希望，但是如果没有一定的投资策略，投资再多也是徒劳。面对日渐丰富的保本型基金阵营，投资者应该怎样购买适合自己的保本型基金呢？

一、合理设计投资计划

保本型基金的设计关键在于资产配置。一般而言，基金管理人员会把基金资产的一部分投向债券市场，并确保这些债券的到期收益率能够满足整个基金的保本支付，再将另一半资金投向高风险的证券股票或基金市场获取更高收益，即使后者造成亏损也不影响基金的保本支付。

二、坚持长期投资

基金投资不是赌博，不能让自己的资本像滚雪球那样越滚越大，投资者所追求的终极目标应该是基金的未来和长期的业绩表现。保本型基金的回报需要一个过程来实现，因此保本投资要耐得住寂寞，追求在“长跑”中胜出。保本型基金一般是三年一个运行周期。在保本周期届满时，投资者不仅可以拿回所投本金，甚至还会获得超额收益。如果盲目“炒短线”，不但会增加操作成本，还会影响整体收益，所以，进行保本型基金投资，要持之以恒，不要半途而废，以免导致不必要的损失。

三、巧用保本型基金条规

对广大保本型基金投资者来说，大多会选择现金红利，其每年所获取收益比较适合保守型的投资者。但是在实际投资过程中，投资者需要了解和熟悉该产品的以下几个方面。

其一，要了解具体的保本条款。目前市场上有只保本型基金，但是并非每只基金都和银华保本三期一样是完全保证本金。

其二，投资者需要了解保本资金的购买要求。按照约定只有那些在基金认购时申购的基金份额并持有到期，才符合保证本金及手续费的条件，对于募集期结束后购买的份额，基金公司不承担保本责任。

其三，由于保本型基金的设计特点，一般来说，在持有保本型基金的第一年就赎回的话，需要支付非常高的赎回费用，然后再逐年递减，三年后赎回的话，手续费为零。因此，如果计划投资此类基金，要做好资金的长期安排，不要在投资后轻易改变决策，轻率卖出。

保本型基金投资注意事项

保本型基金能够控制本金损失的风险，是以保本和增值为目标。但在投资保本型基金时，投资者应注意以下问题。

投资小技巧

> 基金份额持有人如果在认购期认购，但在基金避险周期到期前赎回或进行基金转换的份额以及在认购期结束后申购的基金份额，不适用避险条款，也就是说，对于后几种情况，保本型基金是不提供本金保障的。由于有投资期间的限制，对于提前赎回基金份额的投资者来说，不但无法保障本金，还必须支付赎回费用。

1. 保本型基金具有锁定期的要求。多数基金都承诺三年保本，有些甚至长达五年，在保本期内的某个或某段时间内，可能发生收益波动，产生本金亏损，投资者在投资时要充分考虑这个风险。另外，中途赎回保本型基金的手续费较高，一般来说第一年的赎回费都在3%以上，以后逐年递减，因此中途赎回并不明智。

2. 保本型基金的保本只是对本金而言，并不保证基金一定盈利，也不保证最低收益，仅承诺在保本期限到期日保本。因此，投资者购买的基金份额存在着到保本到期日仅能收回本金，或者是未到保本到期日赎回而发生亏损的可能。

3. 保本型基金对本金的承诺保本比例也有不同。根据各基金风险程度的差异，保本比例可以低于本金，如本金的90%，也可以等于本金或高于本金。有些保本型基金的保本额度高于本金，如最近发行的东方安心收益保本型基金，其保本额度为本金、认购期利息和认购费的总和。

4. 保本型基金有些有定期赎回的机制。例如，某些保本型基金的赎回开放日为每周一，并不像普通的开放式基金那样通常在交易日都可以赎回。投资者需要注意不同保本型基金在资产配置比例上的差异所造成的基金风险收益特征的差异。

总而言之，投资者在选择基金产品时，除了应参考基金的过往业绩之外，还应在不同风险收益特征的基金间进行资产配置。保本型基金的风险较低，但并不是放弃超额收益。对于注重本金安全的低风险投资者和以部分资金参与股票市场的稳健投资者，配置一定比例的保本型基金是不错的选择，但投资者在投资保本型基金之前，应仔细阅读基金的招募说明书等相关公告，以了解基金的各种条款设置细节。

基金投资实例：货币型基金方便好用

黄先生在和同事聊天中得知同事投资的基金挺赚钱的，心中很羡慕。黄先生去基金市场了解了一下情况，又经基金经理的介绍，觉得货币型基金很可靠。

因为黄先生家属于工薪家庭，每月要还房贷 2 200 元，每年要交保险费 13 500 元，同时由于工作繁忙，没有时间在银行排队，以往都是每年年初一次性往银行存 4 万元，银行及保险公司到时按时扣款。所以基金经理建议他通过网上银行购买货币型基金，在每个还款日前的 3 天卖出适当金额的基金，这样即使不排队也可如期还款。以前他每年年初存入银行的 4 万元只有活期利息，收益不高，若通过国债或人民币理财产品替代储蓄，可能找不到到期日正好符合交款日要求的产品，而且还需要去排队买卖。购买货币型基金可以享受到高于同期活期存款利息的收益。平时存活期享受的是 0.576% 的活期储蓄收益（税后）；而买入货币型基金，以华安现金福利基金为例，这只基金在一定期间内的年化平均收益率都在 3.0% 左右，是活期的 5 倍多，而且申购赎回都免手续费，还免利息税。

基金投资实例：基金购买途径的省钱之谜

王先生投资 10 万元申购一只开放式基金，他采取了场外申购，即通过银行柜台等方式申购。按照申购当日的基金份额净值 1.499 3 元、对应申购费率 1.5% 计算，根据新的申购费计算方法，需要缴纳的申购费用 = 申购金额 - ［申购金额 ÷（1 + 申购费率）］。

即 100 000 - ［100 000 ÷（1 + 1.5%）］ = 1 477.83（元），剩下的净申购金额 = 申购金额 ÷（1 + 申购费率） = 100 000 ÷（1 + 1.5%） = 98 522.16（元），则其可得到的份额是 98 522.16 ÷ 1.499 3 = 65 712.110 6（份）。

李先生选择了在场内申购，即像炒股一样通过交易所买入这只基金。他买入这只基金的价格将按其当日的收盘价 1.475 元计算，并且在交易过程中不需要支付申购和赎回费用，只需要支付一定比率的券商佣金。

券商佣金 = 挂牌价格 × 申购份额 × 券商佣金比率

申购金额 = 挂牌价格 ×（1 + 券商佣金比率）× 申购份额

按照对应券商佣金比率为 0.2% 计算，同样获得 65 712.110 6 份该基金份额，李先生需要支付的券商佣金 = 1.475 × 65 712.110 6 × 0.2% = 193.85（元），需要支付的申购金额 = 1.475 ×（1 + 0.2%） × 65 712.110 6 = 97 119.27（元）。

最终，同样拥有 65 712.110 6 份该 LOF 基金，王先生需支付 100 000 元，而李先生只需支付97 313.06元，省了2 686.93元。

王鹏辉操盘实录：顺势投资才是王道

人物介绍

王鹏辉，经济学硕士。曾先后担任深圳市农村商业银行资金部债券交易员、长城证券研究部研究员、融通基金研究策划部行业研究员。2007年3月加入景顺长城，担任研究员等职务，自2007年9月起担任景顺长城内需增长及内需增长二号基金经理，此后分别担任景顺长城股票投资总监、景顺长城副总经理职务，具有14年证券、基金行业从业经验。

操盘分析

王鹏辉的投资能力有目共睹，尤其是长期业绩出众。据海通证券数据统计，截至2014年12月31日，王鹏辉管理的景顺长城内需增长基金和内需增长二号基金近五年来分别以68.60%和64.23%，在同期的166只股票型基金中排名第4名和第6名。

景顺长城内需增长基金是景顺长城旗下的明星基金，成立十年间创造了辉煌战绩，2006年获得股基冠军，2009年、2010年、2011年及2013年都跻身同类基金前1/4。

截至2014年12月30日，景顺长城内需增长基金成立10年来累计净值增长率达到788.45%，为持有人带来了丰厚的回报。王鹏辉从2007年9月管理该基金到如今时间长达7年多，历经了牛熊考验，形成了自己鲜明的投资风格，是真正的长跑型选手。

王鹏辉善于捕捉成长股的投资机会。在2013年的结构性行情中，王鹏辉成功把握了TMT、医药、环保等板块的机会，捕获了欧菲光、乐视网等一批牛股。回溯过去五年，在结构性行情中，他管理的景顺长城内需增长和内需二号净值分别增长83.27%和76.71%，均大幅超越比较基准。

在看重成长的同时，王鹏辉兼顾估值。“投资就是要在估值和成长性之间把握平衡。”他认为，从长期获利的角度看，估值和成长性是最需关注的两个指标。他表示：“估值低、成长性好的企业最终将得到投资者认可，并在股价上得到体现。”估值低、成长性高者为最佳，估值高、成长性高者次之，估值高、成长性差者则要坚决回避，这是王鹏辉选股的标准。

客观而言，业绩暴涨暴跌也是景顺长城内需增长基金的鲜明个性，但拉长时间看，便会发现王鹏辉的资产配置和仓位变化都有着快速的应变能力。当然他也会犯错，难能可贵的是，他的自我纠错意识很强。事实上，这也是王鹏辉投资生涯中，每每落后却能最终反超的法宝。

在王鹏辉看来，在未来相当长的一段时间内，永续性将是投资主题。他坚信中国经济的转型终将成功，产业结构升级和消费升级的趋势不可逆转。与内需相关的行业，如医药、电子、食品饮料等行业将会快速发展。

王鹏辉表示，虽然中国汽车销量一直在持续增长，但目前全国的汽车渗透率仍然偏低，未来汽车产业的增长空间还很大，新能源汽车无疑也会受益于行业增长；此外，在中国3C产品快速发展的背景下，电机、电磁等与新能源汽车相关的配套产业将发展迅速，未来新能源汽车的发展可以得到配套产业的支持。

多管齐下
——其他基金的投资技巧

第一节 混合型基金

混合型基金是指在投资组合中既有成长型股票、收益型股票，又有债券等固定收益投资的共同基金。

认识混合型基金

混合型基金是指同时投资于股票、债券和货币市场等工具，没有明确的投资方向的基金。其投资风险低于股票型基金，预期收益则高于债券型基金。它为投资者提供了一种在不同资产之间进行分散投资的工具，比较适合较为保守的投资者。混合型基金可以作为家庭理财配置中的主要品种之一，但考虑其仍有一定风险性，因此不可作为唯一的投资品种。

根据资产投资比例及其投资策略的不同，可进一步将混合型基金分为偏股型基金（股票配置比例50%～70%，债券比例为20%～40%）、偏债型基金（与偏股型基金正好相反）、平衡型基金（股票、债券比例比较平均，为40%～60%）和配置型基金（股债比例按市场状况进行调整）等。一般而言，偏股型基金的投资风险较高，但预期收益率也较高；偏债型基金的投资风险较低，预期收益率也较低；股债平衡型基金的风险与收益则较为适中。

混合型基金是以合伙法律形式聚合投资者资金的一种基金形式。即由管理公司对合作关系进行组织，在形式上，混合型基金与开放基金很相似，但它不以基金股份作为投资载体，而是提供一种可以以净资产价格买卖的基金单位。银行或保险公司会提供大量不同的混合型基金供信托或退休账户选择。

如何选择混合型基金

混合型基金是投资者常用的基金品种。和股票型基金类似，混合型基金也是从盈利能力、抗风险能力和选股择时能力三个方面进行比较；与股票型基金不同的是，混合型基金对选股择时能力的考察更为严格。投资者在选择混合型基金时应该注意以下三点。

一、盈利能力

在考察混合型基金的盈利能力时，投资者应考虑基金的阶段收益率和超越市场平均水准的超额收益率等指标。基金的阶段收益率反映了基金在这一阶段的收益情况，是基金业绩的最直接体现，但这个业绩受很多短期因素影响，有较多偶然成分。评价基金收益率时还需要考虑基金超越市场平均水准的超额收益率（常用詹森指数等作为衡量指标），以帮助投资者更全面地判断基金的盈利能力。

二、购买时机

其实投资基金和投资股票一样，也要选择一个合适的投资时机，如果投资时机选择不当，那么得到的收益必然会大打折扣。例如，即使买进的基金各方面都很好，但是市场行情不好，那么得到的收益会比在好的行情下获得的收益要低，甚至会出现套牢情况。

一般而言，混合型基金的管理团队应该坚持价值投资的理念。混合型基金的业绩很大程度上取决于基金经理是否能够通过主动投资管理实现基金资产增值，因此混合型基金的选股就显得尤为重要。衡量基金经理选股能力的常用指标包括组合平均市盈率、组合平均市净率、组合平均净资产收益率等，只有持仓组合的组合平均市盈率、组合平均市净率、组合平均净资产收益率等指标处于较合理的水平，基金资产才有较好的增值前景。常用的衡量混合型基金把握市场时机与资产配置水准的指标有 C-L 择时能力等。

三、抗风险能力

选择混合型基金时，投资者还应关注基金的抗风险能力，这主要应通过该基金的亏损频率和平均亏损幅度来比较。不同的亏损频率和亏损的幅度一定程度上反映了基金经理的操作风格，只有将亏损频率和亏损幅度较好平衡的基金才能具有较强的抗风险能力，才能帮助投资者实现长期持续的投资回报。

对投资者来说，盈利能力、抗风险能力和选股择时能力三个方面都很重要，但实际中往往难以兼顾，如何全面评价该基金的整体表现，给各方面赋予合理的权重，涉及较复杂的统计和动态优化的技术，广大普通投资者往往难以做到，不过可以参考市场中专业的基金研究机构的研究结果。

如何区分股票型基金、债券型基金和混合型基金

混合型基金与股票型基金、债券型基金的区别如表 10-1 所示。

表 10-1　混合型基金与股票型基金、债券型基金的区别

分类	定义	优势
混合型基金	指投资于股票、债券以及货币市场工具的基金，且不符合股票型基金和债券型基金的分类标准	混合型基金会同时使用激进和保守的投资策略，其投资回报和投资风险要低于股票型基金，高于债券和货币型基金，是一种风险适中的理财产品。一些运作良好的混合型基金的回报水平甚至会超过股票型基金
股票型基金	以股票为主要投资对象的基金	通过专家管理和组合多样化投资，股票型基金能够在一定程度上分散风险，但股票型基金的风险在所有基金产品中仍是最高的，适合风险承受能力较高的投资者

（续表）

分类	定义	优势
债券型基金	主要以各类债券为主要投资对象，风险高于货币型基金、低于股票型基金	债券型基金通过国债、企业债等债券的投资获得稳定的利息收入，具有低风险和收益稳定的特征，适合风险承受能力较低的稳健型投资者

第二节 平衡型基金

平衡型基金起源于20世纪20年代，是在股市风险大增环境下的产物，由于其可投资于多项证券资产，从而分散各类资产的风险，所以属于风险程度较低的投资品种。

认识平衡型基金

平衡型基金是指既追求长期资本增值又追求当期收入的基金。这类基金主要投资于债券、优先股和部分普通股，这些有价证券在投资组合中具有比较稳定的组合比例，一般是把资产总额的25%～50%用于优先股和债券，其余的用于投资普通股。其风险和收益状况介于成长型基金和收入型基金之间。平衡型基金由于风险和收益比较中性，因此受到很多投资者的青睐，在美国就有近四分之一的开放式基金采用平衡型基金的形式。

平衡型基金可以分为两种。一种是股债平衡型基金，即基金经理会根据行情变化及时调整股债配置比例。当基金经理看好股市的时候，增加股票的仓位；当其认为股票市场有可能出现调整时，会相应增加债券配置。

为了分散单一品种或地区的市场风险，投资者往往需要选择若干不同种类的基金进行投资，这不仅会消耗大量的时间和精力，同时还增加了其资金成本，而平衡型基金则可以毫不费力地在区域性及资产类别方面进行分散布局。与构建自己的平衡投资组合对比，投资平衡型基金不需要付出重大的额外成本。此外，随着市场的起伏变化，股票和债券资产经过一段时间之后必将偏离其原先的配置比例，这时便需要投资者以比重还原法进行调整。对于平衡型基金来说，由于资产配置的决定及管理投资比重的任务已交由专业基金经理负责，因此投资者也不需要费时审查和调整自己的资产组合。

另一种是在平衡型基金在股债平衡的同时，比较强调到点分红，这也是规避风险的方法之一。以上投摩根双息平衡基金为例，该基金契约规定：当已实现收益超过银行一年定期存款利率1.5倍时，必须分红。偏好分红的投资者可考虑此类基金。

投资小技巧

平衡型基金是既注重资本增值又注重当期收入的一类基金。因为平衡型基金在股票和债券上都要适当配置，一般而言，投资风险和投资收益较股票型基金都要低些，属于“进可攻、退可守”的品种，在波动市场中更适合随着市场的变化而调整股债比例，达到平衡收益和风险的作用。

平衡型基金的投资技巧

国内的平衡型基金主要投资于股票和债券，股市上涨时，由于有相当比例投资于股票，平衡型基金可望分享股票上涨的收益，而股市下跌时，由于还有相当比例投资于债券，会减小因股票下跌带来的损失。

在尽可能规避风险的情况下获取稳健的收益才是目前行情下的有效举措。平衡型基金能够通过资产在不同标的市场的配置，来捕捉不同市场的机会，进而分散、冲抵风险。另外，在同一时期，债券市场与股市会呈现不同的特点，这也平衡了平衡型基金的风险。

投资者在选择这类基金时，同普通基金产品一样，首先要关注其过往业绩及基金经理的稳定性。要选择一只好的平衡型基金，先要选择值得信赖的基金公司。投资者可通过比较各基金公司旗下基金的业绩水平、基金经理的稳定性、投研团队的实力以及权威机构提供的评级结果来综合判断。知名评鉴机构评出的明星基金公司及五星基金产品都是比较好的参考。其次，投资者要观察股票仓位及债券仓位在各市场阶段的变动情况。由于平衡型基金相较于股票型和债券型基金最大的优势体现在择时方面，因此，基金经理能否通过对宏观环境的变化进行预判，从而准确调整大类资产的配置比例就显得尤为重要。

由于股市行情经常会出现较大的波动，因此对于长期投资者来说，平衡型基金也许是更好的选择。在熊市中，进取型的平衡型基金的表现要好于股票型基金，而在单边牛市之中，进取型的平衡型基金可以扩大股票投资范围，也能够获得类似股票型基金的较高收益。

第三节　收入型基金

收入型基金是以追求当期收入最大化为基本目标，以能带来稳定收入的证券为主要投资对象的证券投资基金。

认识收入型基金

收入型基金是以追求基金当期收入为投资目标的基金，其投资对象主要是那些历史分红记录良好的绩优股、债券等有价证券。收入型基金一般把所得的利息、红利以分红形式分配给投资者。这种基金的目的是最大程度地增加当期收入，而对证券升值并不十分重视。收入型基金一般将其资金投资于各种可以带来收入的有价证券，收入型基金包括以下两种类型。

第一种是在较低的风险下，强调不变的收入，其收入是比较固定的，因而有人将这种收入称为固定收入型基金。

第二种是力图收入最大化，同时还运用财务杠杆。前者的投资对象主要是将资金投资于债券和优先股股票；后者则主要投资于普通股。相比之下，后者的成长潜力较大，但比较容易受股市波动的影响。

收入型基金的投资技巧

收入型基金是主要投资于可带来现金收入的有价证券，以获取当期的最大收入为目的，以追求基金当期收入为投资目标的基金，其投资对象主要是那些绩优股、债券、可转让大额存单等收入比较稳定的有价证券。收入型基金一般把所得的利息、红利都分配给投资者。这类基金虽然成长性较弱，但风险相应也较低，适合保守的投资者。

收入型基金资产成长的潜力较小，损失本金的风险相对较低，一般可分为固定收入型基金和权益收入型基金。

在投资策略上，收入型基金坚持投资多元化，即利用资产组合分散投资风险。为满足投资组合的调整，持有的现金资产也较多。简言之，收入型基金重视当期最高收入。

第四节　成长型基金

成长型基金是指以追求资产的长期增值和盈利为基本目标，投资于具有良好增长潜力的上市股票或其他证券的证券投资投资基金。

认识成长型基金

成长型基金以资本长期增值为投资目标，其投资对象主要是市场中具有较大升值潜力的小公司股票和一些新兴行业的股票。为达成最大限度的增值目标，成长型基金通常很少分红，而是经常将投资所得的股息、红利和盈利进行再投资，以实现资本增值。成长型基金主要以股票作为投资主要标的。

该类基金的投资目标是长期资本增值。一些成长型基金投资范围很广，包括很多行业；一些成长型基金投资范围相对集中，例如集中投资于某一类行业的股票或认为价值被低估的股票。成长型基金价格波动一般要比保守的收益型基金或货币型基金要大，但收益一般较高。

投资于成长型股票的基金，期望其所投资公司的长期盈利潜力超过市场预期，这种超额收益可能来自于产品创新、市场份额的扩大或者其他原因导致的公司收入及利润增长。总而言之，成长型公司被认为具有比市场平均水平更高的增长速度。

成长型基金投资标的是以具有成长性的新兴产业的普通股为主。与积极成长型基金相比，成长型基金略为保守，该类基金将资产主要投资于资信好、长期有盈余或者发展前景较为明朗的公司普通股为主，长期资本利得为其主要收益来源，风险程度虽较积极成长型基金略低，但净值波动幅度亦相对偏高。由于基金投资的股票在多头市场上的价格预期的上涨速度快于整个市场价格指数的上涨速度，因此这类基金的长期资本增值潜力较大。

成长型基金又分为积极成长型和稳定成长型两种。积极成长型基金追求资本长期增值，但在目标选择上更偏好规模较小的成长型企业，风险高收益大。稳定成长型基金则一般不从事投机活动，其追求的是资本长期增值，以稳定持续的长期增长为目标。

怎样挑选成长型基金

成长型基金是基金中最常见的一种。该类基金追求的是资产的长期增值。为了达到这一目标，基金管理人通常会将基金资产投资于信誉度较高的、有长期成长前景或长期盈余的公司的股票。

挑选成长型基金时要注意以下几点。

一、选股注重上市公司的成长性

上市公司的成长性既可以表现为上市公司所处行业发展前景好，属朝阳行业，行业利润率远远高于其他行业的平均水平，该行业在财政税收方面享受优惠或在其他方面受到国家政策的倾斜，也可以表现为上市公司主营业务具有突出的市场地位，亦或是由于兼并收购等资产重组行为导致企业基本面发生重大变化，企业经营状况发生实质性改善从而实现上市公司的快速成长。

二、持股相对比较集中

成长型投资基金在进行分散风险、组合投资的同时，对某些重点看好的股票也保持了较高的持仓比例。

三、收益波动两极分化

从理论上讲，成长型投资基金在获得较高收益的同时，也承担了较高的风险。一般来说，随着市场行情的上涨和下跌，成长型投资基金收益波动性比较大。从单位净值变化上看，部分成立时间较短的成长型投资基金，净值变化幅度较大，但是那些“老牌绩优”的成长型投资基金却能在强势中实现净值较快增长，并在弱势中表现出较强的抗跌性。

如何区分成长型基金、收入型基金和平衡型基金

根据基金的风险与收益，可以把投资基金分为成长型基金、收入型基金和平衡型基

金。它们的区别如表 10-2 所示。

表 10-2 成长型基金、收入型基金和平衡型基金的区别

区别＼基金类型	成长型基金	收益型基金	平衡型基金
投资目标	追求资本的长期增值	追求基金的当前收入	兼顾资本的长期增值和基金的当前收入
投资对象	具有较大升值潜力的小公司的股票和新兴行业的公司的股票等	绩优股、债券、可转让大额定期存单等比较稳定的有价证券	债券、绩优股和部分股票。通常，25% ~50% 投资于债券和优先股，其余投资于普通股票，形成稳定的投资组合
分红 资本增值	很少分红，将投资所得的股息、红利和盈利再投资，以实现资本增值	一般把所得的利息、红利都分配给投资者	部分分红，部分再投资，以实现资本增值
风险与收益	风险较大，收益较高	风险较小，收益稳定	介于成长型基金和收益型基金之间

第五节 分级基金

分级基金又叫“结构型基金”，是指在一个投资组合下，通过对基金收益或净资产的分解，形成两级（或多级）风险收益表现有一定差异化基金份额的基金品种。

什么是分级基金

分级基金的主要特点是将基金产品分为两类或多类份额，并分别给予不同的收益分配。分级基金各个子基金的净值与占比的乘积之和等于母基金的净值。如果母基金不进行拆分，其本身是一个普通的基金。

分级基金可以分为两大类，即股票分级基金和债券分级基金。股票分级基金主要投资于股票，又可分为主动管理型和指数型。债券分级基金，又可分为一级债券分级基金和二级债券分级基金。一级债券分级基金不能在二级市场直接买入股票，但可以打新股，二级债券分级基金可以在二级市场买入不多于 20% 的股票，因此一级债券分级基金的投资风险低于二级债券分级基金。

分级基金的分级模式如表 10-3 所示。

表10-3　分级基金的分级模式

分级模式	子基金类型	子基金特点	分拆比例、初始份额杠杆
融资分级（股债分级）	约定收益A类	有约定收益、定期折算分红	股票型一般A：B比例为50：50（B类2倍初始杠杆）或40：60（B类1.67倍初始杠杆），债券型70：30（B类3.33倍初始杠杆）
	杠杆份额B类	当净值小于或大于某数值时有不定期折算，大部分没有定期折算	
多空分级（蝶式分级）	杠杆份额B类	有定期折算（每3个月到1年），当净值小于或大于某数值时有不定期折算	主要为指数型。B：C比例为2：1（B类初始杠杆2倍，B≤0.3或B≥2元不定期折算；C类初始杠杆负1倍）或3：1（B类初始杠杆2倍，B≤0.3或B≥1.7元不定期折算；C类初始杠杆负2倍）
	反向杠杆C类	有定期折算（每3个月到1年）和不定期折算，与母基金涨跌成反比	

分级基金可以通过场内场外两种方式认购或申购、赎回。场内认购、申购、赎回通过深交所内具有基金代销业务资格的证券公司进行。场外认购、申购、赎回可以通过基金管理人直销机构、代销机构办理基金销售业务的营业场所办理或按基金管理人直销机构、代销机构提供的其他方式办理。分级基金的两类份额上市后，投资者可通过证券公司进行交易。

分级基金通过不同分级方式创造出“更高风险更高收益”“低风险稳定收益”甚至“中低风险高收益”等不同风险收益特征的份额。这样一来，偏好风险的投资者就可以选择杠杆类份额，承担更多下跌风险，同时可以获得较高比例的收益分配权。较为保守的投资者则可以选择低风险固定收益类份额；也可以尝试类似于“零息可转债”风险收益特征的兴业合润A份额，以追求低风险高收益。

分级基金的基础

分级基金是在相同的一个投资组合下，通过对基金收益分配的重新安排，形成两级（或多级）风险收益特征具有差异的基金份额的基金品种。一般而言，分级基金区分为母基金份额、稳健份额和进取份额三类，约定不同的收益分配原则，使得三类基金的风险收益特征具有明显的差别。分级基金的实质是进取份额持有人向稳健份额持有人融资，从而获得投资杠杆，而稳健份额获得相应的融资利息。

许多投资者认为，分级基金的优先份额和银行的储蓄一样，不但可以保证本金安全，而且能够保证一定收益。实际上，目前国内市场上出现的分级基金优先份额并不是保本保收益的产品。

对于优先份额持有人来说，分级基金以进取份额的资产为优先份额基准收益的实现及本金安全提供了保护，但是由于市场面临诸多风险，因此基准收益的分配以及本金安全的保护具有不确定性，当进取份额资产净值大幅下跌时，优先份额的投资者仍可能面临投资受损的风险。

定期折算实际上是稳健份额的派息手段。稳健份额的约定收益并非以现金分红的形式实现，而是采取定期折算的方式，将稳健份额期末净值超出本金 1 元部分，以场内母基金份额的形式分配给稳健份额持有人。

为保护稳健份额和进取份额持有人利益，分级基金通常设有不定期折算条款。当进取份额净值跌至阈值或者母基金份额净值高于阈值，稳健份额、进取份额和母基金份额净值均被调整为 1 元。调整后的稳健和进取份额按初始配比保留，各类份额数量按比例增减，稳健份额与进取份额配对后的剩余部分将会转换为母基金场内份额，分配给相应份额持有者。

有过基金投资经历的投资者都知道：基金的“交易价格”不等于“基金净值”。对分级基金而言，分级基金的优先份额和进取份额上市交易后，由于受到市场供求关系的影响，基金份额的交易价格与基金份额净值可能出现偏离，产生折溢价。如果投资者基于市场好转的预期，有可能买入进取份额以博取市场反弹之后的收益，就会使进取份额的交易价格上升，进而产生溢价；反之亦然。尽管开放式分级基金的份额配对转换机制的设计已将分级基金整体折溢价降至较低水平，但是单级份额仍有可能出现较大折溢价。投资者在交易分级基金时，应关注基金份额的折溢价情况，防范折溢价变动带来的价格波动。一般情况下，分级基金是通过对基金收益分配的安排，将基金份额分成预期收益与风险不同的两类份额，并将其中一类份额或两类份额上市进行交易的结构化证券投资基金。

分级基金三大杠杆

分级基金的杠杆是投资者需要考虑的重要指标之一。虽然计算较为简单，但是对于不同定义的杠杆，其大小往往不能真实反映到二级市场价格的波动上。为此好买基金研究中心对初始杠杆净值杠杆和价格杠杆做了定义和比较，便于投资者进行投资时做出选择和判断。

一、初始杠杆

初始杠杆是基金发行时的杠杆比率，也就是基金发行时的融资杠杆，反映 1 元 B 份额可以向 A 份额融资的程度。计算公式为：

初始杠杆＝母基金净资产÷B 份额净资产＝（A 份额份数＋B 份额份数）÷B 份额份数

一般来说，配对转换型的股票分级基金初始杠杆比例是恒定的，在存续期间始终保持恒定。该杠杆值作为两份额总和与 B 份额的比值不仅在一开始可以告知投资者两份额的比例情况，在后续阶段通过母基金净值和 B 份额净值的比例计算还可以获得净值杠杆的大小。

二、净值杠杆

净值杠杆又称融资杠杆，是母份额净值与B份额净值之比，反映的是母基金净值上涨1%对应的B份额净值变化的程度，计算公式为：

净值杠杆＝母基金净资产÷B份额净资产＝（母基金净值÷B份额净值）×初始杠杆

净值杠杆反映了B份额净值涨跌幅增长的倍数。例如，一个两倍净值杠杆的基金当日B份额的净值涨跌幅就是母基金净值的两倍。

然而，净值杠杆影响的仅仅是B份额净值变化的波动情况。但是，投资者实际买卖B份额时，受到二级市场价格波动的影响，由于折溢价率的因素净值杠杆往往无法真实反映到价格表现上，为此我们引入了价格杠杆的概念。

三、价格杠杆

价格杠杆反映的是B份额净值变化的波动情况，但是在实际投资中，由于一般情况下，分级基金子份额只能在二级市场上交易，投资者实际买卖B份额时受到的是二级市场价格波动的影响，高折溢价率的存在使得净值无法真实反映价格，净值杠杆也就无法真实反映到价格表现上，但是价格杠杆可以解决这一点。

价格杠杆定义为母份额净值与B份额价格之比，反映的是母份额净值上涨1%对应B份额价格的变化程度。计算公式为：

价格杠杆＝母基金净资产÷B份额总市值＝（母基金净值÷B份额价格）×
初始杠杆＝净值杠杆÷（1＋溢价率）

从计算公式来看，由于发行时初始杠杆已固定，价格杠杆由母基金净值和B份额价格决定。由于子份额一般只能在二级市场上交易，价格杠杆被称为放大投资者收益的“真实”杠杆。衡量杠杆稀缺性的指标是价格杠杆。当市场杠杆稀缺性没有改变时，价格杠杆会保持稳定。

如何购买分级基金

分级基金一般指的是把一只母基金分成两份，一份是约定收益的A类子基金，另一份是有杠杆性的B类子基金，而投资分级基金也是有技巧的，具体内容如下。

一、在交易方面，我们可以利用分级基金策动哪些交易策略

从交易的角度出发，分级基金有三种交易策略：第一是长期持有一定的场外份额或者配对购入高低两类份额，依据对后市的判断与其折溢价水平，卖出一类份额而长期持有另一类份额；第二是根据市场判断和基金的折溢价水平变化情况进行场内场外份额之间的转换，实现短期套利；第三是进行“长短结合”的投资方式，并不完全按照份额配比持有两类份额，而是保持其中一类份额的一定多头头寸，根据分级基金的市场表现和预期，选择性地在两类份额之间转换，并长期持有。当分级基金整体场外场内份额出现较大折溢价时，进行配对转换交易的操作，实现套利，并可以避免临时买入份额所承担的市场风险。

二、投资风险判断

投资分级基金首先要确定自己的风险收益偏好，如低风险的投资者可选择债券型分级基金与股票型分级基金的低风险份额；其次根据自己对于后市的判断，如认为后市将大涨就可利用股票型分级基金的高杠杆份额获取更高收益。

第六节　对冲基金

1949 年世界上诞生了第一个有限合作制的琼斯对冲基金。20 世纪 80 年代，随着金融自由化的发展，对冲基金有了更广阔的投资机会，从此进入了快速发展的阶段。

认识对冲基金

对冲基金也称避险基金或套利基金，是指由金融期货和金融期权等金融衍生工具与金融组织结合后，以高风险投机为手段并以盈利为目的的金融基金。它是投资基金的一种形式，属于免责市场产品。对冲基金意为“风险对冲过的基金”，名为基金，实际与互惠基金安全、收益、增值的投资理念有本质区别。

对冲基金其操作的宗旨在于利用期货、期权等金融衍生产品以及对相关联的不同股票进行实买空卖、风险对冲的操作技巧，在一定程度上可规避和化解投资风险。在最基本的对冲操作中，基金管理者在购入一种股票后，同时购入这种股票的一定价位和时效的看跌期权。看跌期权的效用在于当股票价位跌破期权限定的价格时，卖方期权的持有者可将手中持有的股票以期权限定的价格卖出，从而使股票跌价的风险得到对冲。

在另一类对冲操作中，基金管理人首先选定某类行情看涨的行业，买进该行业几只优质股，同时以一定比率卖出该行业中的几只劣质股。如此组合的结果是，如该行业预期表现良好，优质股涨幅必超过其他同行业的股票，买入优质股的收益将大于卖空劣质股的损失；如果预期错误，此行业股票不涨反跌，那么较差公司的股票跌幅必大于优质股，则卖空盘口所获利润必高于买入优质股下跌造成的损失。正因为如此的操作手段，早期的对冲基金可以说是一种基于避险保值的保守投资策略的基金管理形式。

目前，对冲基金早已失去风险对冲的内涵，相反，现在人们普遍认为对冲基金实际是基于最新的投资理论和极其复杂的金融市场操作技巧，充分利用各种金融衍生产品的杠杆效用，承担高风险、追求高收益的投资模式。

如何选择对冲基金

选择一只优秀的对冲基金（或对冲基金中的基金）既是一门艺术，也是一门科学。在选择时要注意以下几项。

一、业绩指标

大家可以对比对冲基金的回报与排名，主要标准是回报率。一般比较业绩需要较长的时间，3～5年很正常。由于对冲基金在中国刚刚开始，很少有产品比较长，那么你就要观察基金经理其他产品的业绩，波动如何，如果他的其他产品业绩比较稳定，一般对冲产品会更稳定，业绩会更好。

当然，一只优秀的对冲基金，其成功不仅建立在良好的业绩记录之上。随着基金规模的不断增长，基金的基础设施支持变得同等重要。例如，构建完善的风险管理流程、运营支持、法规和系统支持等。

二、回调小

由于对冲基金一般都要操作股票、期指、商品期货，不可避免使用了杠杆，欧美对冲基金杠杆用到8～10倍是稀松平常，他们有很多程式化交易，风险控制比较严格，所以敢于采用比较大的杠杆，中国的对冲基金经理一般用到2～3倍。

对非常保守的人来说，最大回撤在5%就非常好了，对于中性的投资者，最大回撤在10%～20%完全可以接受。最大回撤小反映了基金经理对风险的把控能力。

三、关注产品策略设计

国内对冲基金策略主要有市场中性策略和宏观对冲策略两类。市场中性策略是多空同时操作，进而对冲掉组合中的系统性风险；宏观对冲则是投资标的物涵盖股票、商品期货、股指期货、利率产品等衍生产品。

投资小技巧

特别需要指出的是，在判断那些非公募的对冲基金的时候，只看回报未必是最有效的方法，因为对冲基金往往在业绩方面会有较大的波动，这时候更需要配合其他因素来确定这是不是适合自己的投资产品。

证券投资基金与对冲基金的区别

如今对冲基金已成为一种新的投资模式的代名词，也就是以最新的投资理论为基础，利用极其复杂的金融市场操作技巧，并充分利用各种金融衍生产品的杠杆效应，承担高风险、追求高收益的投资模式。

证券投资基金与对冲基金的区别如表10-4所示。

表 10-4　证券投资基金与对冲基金的区别

区别	分析
筹资方式不同	证券投资基金一般公开募集，中小投资者居多。由于其高风险和复杂的投资机理，对冲基金虽然进行私募，但是许多国家都禁止其向公众公开招募资金，一般采取合伙人制，合伙人提供大部分资金但不参与投资活动；合伙人一般控制在 100 人以下，以保证其操作的高度隐蔽性和灵活性。基金管理者以资金和技巧入伙，负责基金的投资决策
信息披露的要求不同	各国对证券投资基金的信息披露都有严格要求，以保护中小投资者的利益。由于对冲基金多为私募性质，从而规避了法律对公募基金信息披露的严格要求
操作不同	证券投资基金操作上相对透明、稳定，一般都有较明确的资产组合定义，即在投资工具选择和比例上有确定的方案，同时也不得利用信贷资金进行投资。对冲基金完全没有这方面的限制，可利用一切可操作的金融工具和组合，最大限度地使用信贷基金，谋取超额回报。对冲基金操作上具有高度隐蔽性、灵活性、杠杆性。因此，证券投资基金更具投资性，对冲基金则更具投机性

对冲基金的投资技巧

对冲基金起源于 20 世纪 50 年代的美国，直到 20 世纪 80 年代，进入了快速发展的阶段。目前全球对冲基金的规模已超过 1 万亿美元。

早期的对冲基金主要是利用期货、期权等金融衍生产品以及对相关联的不同股票进行空买空卖、风险对冲的操作，在一定程度上规避和化解了投资风险。在一个最基本的对冲操作中，基金管理者在购入一种股票后，同时购入这种股票的一定价位和时效的看跌期权（Put Option）。看跌期权的效用在于当股票价位跌破期权限定的价格时，卖方期权的持有者可将手中持有的股票以期权限定的价格卖出，从而使股票跌价的风险得到对冲。

随着对冲基金的发展，对冲基金的范畴也进一步扩大，根据对冲基金不同的投资目的，投资者可使用不同的投资策略，常用的策略多达 20 多种。对冲基金的投资手法如图 10-1所示。

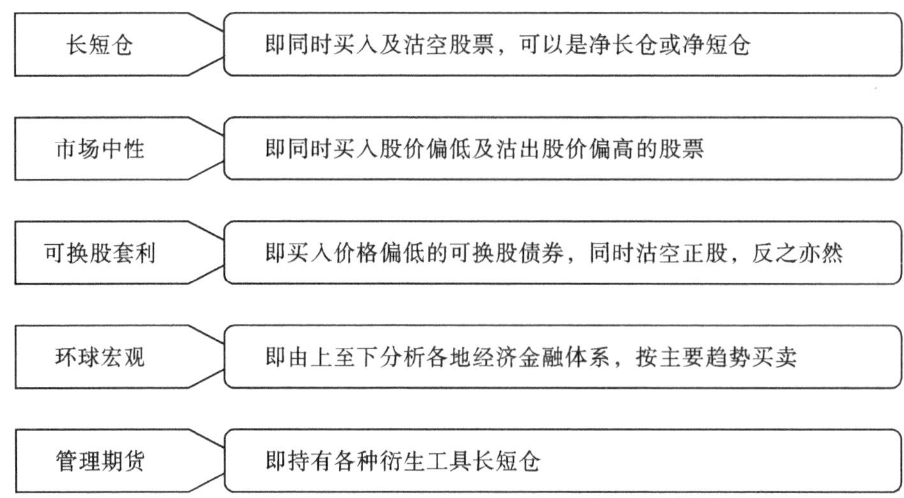

图 10-1　对冲基金的投资手法

目前国内由于开展了股指期货和融资融券业务，也开始出现一些对冲基金，不过主要是私募产品，公募基金由于受投资范围的限制，暂时还没有公募对冲基金。

第七节　交易所交易基金（EFT）的投资技巧

交易所交易基金从法律结构上说仍然属于开放式基金，但它主要是在二级市场上以竞价方式交易，并且通常不准许现金申购及赎回，而是以一揽子股票来创设和赎回基金单位。对一般投资者而言，交易所交易基金主要还是在二级市场上进行买卖。

认识 EFT 基金

交易型开放式指数型基金属于开放式基金的一种特殊类型，它综合了封闭式基金和开放式基金的优点，投资者既可以向基金公司申购或赎回基金份额，同时，又可以像封闭式基金一样在证券市场上按市场价格买卖 ETF 份额，不过，申购赎回必须以一揽子股票换取基金份额或者以基金份额换回一揽子股票。由于同时存在证券市场交易和申购赎回机制，投资者可以在 ETF 市场价格与基金单位净值之间存在差价时进行套利交易。套利机制的存在，使得 ETF 避免了封闭式基金普遍存在的折价问题。

ETF 主要涉及三个参与主体，即发起人、受托人和投资者。发起人及基金产品创始人，一般为证券交易所或大型基金公司、证券公司。受托人受发起人委托托管和控制股票信托组合的所有资产。由于指数型 ETF 采用指数化投资战略，除非指数有变，一般受托人不用时常调整股票组合，但管理型投资公司 ETF 的受托人有一定的投资决策自由处置权。受托人一般为银行、信托投资公司等金融机构。投资者为购买 ETF 的机构或个人。

交易所交易基金有两种交易方式。一是投资人直接向基金公司申购和赎回。这有一定的数量限制，一般为五万个基金单位或者其整数倍；而且是一种以货代款的交易，即申购和赎回的时候，付出或收回的不是现金而是一揽子股票组合。二是在交易所挂牌上市交易，以现金方式进行。与开放式基金不同的是，交易所交易基金在交易日全天交易过程中都可以进行买卖，就像买卖股票一样，还可以进行短线套利交易。因此，只有机构或者富有的个人大户才能直接向基金公司申购和赎回。对于普通个人投资者而言，只能采用第二种方式，通过经纪人在交易所进行买卖，因为多属于被动式管理的指数化投资，所以交易所交易基金不需要负担庞大的投资和研究团队的支出，从而费用低廉，其管理费率甚至低于收费最低的指数共同基金。

与开放式基金和封闭式基金比较，ETF 属于一种混合型的特殊基金，既可以像开放式基金一样申购赎回，也可以像封闭式基金一样上市交易，所以一般对 ETF 的通俗解释就是“可以上市交易的开放式基金”。ETF 产品通常是跟踪某一指数，投资对象是一揽子股票组合，投资者购买一个基金单位，就等于按权重购买这个指数的所有股票。

在上市交易方面，ETF 的交易流程和交易手续没有特别之处，投资者完全可以将其当成股票或封闭式基金来交易，交易所每 15 秒提供一次 IOPV（基金净值估值），投资者可以看到实时行情并根据这一净值估值进行买卖。ETF 交易成本较低，由于 ETF 可以在申购赎回中不断流动，所以其二级市场的交易价格与单位净值非常接近，一般不会出现类似封闭式基金的大幅折价或溢价现象。

在申购赎回方面，ETF 与现在的开放式基金有所不同，比较二级市场的实时交易，ETF 的申购赎回就是一级市场的套利，但它不是用现金方式，而是使用一揽子指数成分股，因此其发行的对象主要是机构投资者和有实力的个人投资者。其申购赎回的基本单位是 100 万份基金单位，起点较高。对于一般投资者来说，只能在二级市场随时购买或出售 ETF，在两个市场中进行套利操作不太容易。

投资小技巧

由于目前的 ETF 属于被动投资的指数型基金，投资者无法规避市场的系统性风险，所以在具体操作层面上，投资者需要对 ETF 所跟踪的指数有一定的了解和分析，如果看好该指数的未来走势，相应的 ETF 产品就具备投资价值。由于 ETF 二级市场的价格波动相对较小，投资者不必像买卖股票一样频繁交易。

EFT 基金与其他基金的区别

ETF 是一种跟踪“标的指数”变化，且在交易所上市的开放式基金，投资者可以像买卖股票那样，通过买卖 ETF，从而实现对指数的买卖。因此，ETF 可以理解为“股票化的指数投资产品”。从本质上讲，ETF 属于开放式基金的一种特殊类型，它综合了封闭式基金和开放式基金的优点，投资者既可以向基金公司申购或赎回基金份额，同时，又可以像封闭式基金一样在证券市场上按市场价格买卖 ETF 份额。不过，ETF 的申购赎回必须以一揽子股票换取基金份额或者以基金份额换回一揽子股票，这是 ETF 有别于其他开放式基金的主要特征之一。

与传统封闭式基金、开放式基金相比，ETF 有如下优点。

第一，ETF 克服了封闭式基金折价交易的缺陷。ETF 基金由于投资者既可在二级市场交易，也可直接向基金管理人以一揽子股票进行申购与赎回，这就为投资者在一、二级市场套利提供了可能。正是这种套利机制的存在，抑制了基金二级市场价格与基金净值的偏离，从而使二级市场交易价格与基金净值基本保持一致。

第二，ETF 基金相对于开放式基金，具有交易成本低、交易方便、交易效率高等特点。目前投资者投资开放式基金一般是通过银行、券商等代销机构向基金公司进行基金的申购、赎回，股票型开放式基金交易手续费用一般在 1% 以上，一般赎回款在赎回后 3 日才能到账，购买不同的基金需要去不同的基金公司或者银行等代理机构，交易便利程度还不太高。但投资者如果投资 ETF 基金，可以像股票、封闭式基金一样，直接通过交易所按照公开报价进行交易，资金次日就能到账。

第三，ETF 一般采取完全被动的指数化投资策略，跟踪、拟合某一具有代表性的标的指数，因此管理费非常低，操作透明度非常高，可以让投资者以较低的成本投资于一揽子标的指数中的成分股票，以实现充分分散投资，从而有效规避股票投资的非系统性风险。

第四，ETF 基金的赎回。ETF 的基金管理人每日开市前会根据基金资产净值、投资组合以及标的指数的成分股情况，公布“实物申购与赎回”清单（也称“一揽子股票档案文件”）。投资人可依据清单内容，将成分股票交付 ETF 的基金管理人而取得“实物申购基数”或其整数倍的 ETF；以上流程将创造出新的 ETF，使得 ETF 在外流通量增加，称之为实物申购。实物赎回则是与之相反的程序，使得 ETF 在外流通量减少，也就是投资人将“实物申购基数”或其整数倍的 ETF 转换成实物申购赎回清单的成分股票的流程。

投资小技巧

ETF 的实物申购与赎回只能以实物交付，只有在个别情况下（如当部分成分股因停牌等原因无法从二级市场直接购买），可以有条件地允许部分成分股采用现金替代的方式。

“赎回”的过程则相反，是指用一定数额的 ETF 份额换取一揽子指数成分股股票。

EFT 基金的投资技巧

ETF 基金的投资技巧主要有以下四种。

一、长期投资

由于 ETF 风险分散度好、透明度高、受管理人主观因素影响小，因此可预期性强，投资者可获得更充分的信息。从长期投资、财富保值增值的角度来看，投资 ETF 是一个较好的选择。投资者可以采用低位买入并持有的策略，分享指数长期增长带来的资本增值。

二、短期投资

ETF 在交易制度上与股票和债券一样，可以以极快的速度买入卖出以对市场的变化做出反应，虽然每次交易都有成本，但交易费率相对低廉。对于那些希望能够迅速进出整个市场或市场特定的部分以捕捉一些短期机会的投资者，ETF 是一种理想的工具。投资者可以通过积极交易 ETF，获取指数日内波动、短期波动（一日以上）带来的波段收益。

三、时机选择

ETF 是由其追踪的标的指数成分股构成的组合，因此增减 ETF 相当于增减了股票仓位。对于在行情发生变化时，需要大规模增减股票仓位的投资者而言，直接增减 ETF 可以避免多只股票交割的麻烦，减少对股票价格的冲击，迅速进出市场。另外，ETF 特殊的套利机制也有助于提高流动性，降低大额交易的冲击成本。因此，ETF 可成为投资者高效的时机选择工具。

四、套利交易

当 ETF 二级市场交易价格与基金份额净值偏离时，即出现折价/溢价时，投资者就可以在一级市场、二级市场以及股票现货市场之间进行套利，获取无风险收益。单个交易日内，投资者可以多次操作。在回避风险的前提下，提高持仓 ETF 成分股的盈利性，提高资金使用效率。

具体方法是：当 ETF 二级市场价格小于基金份额净值，在二级市场买入 ETF 份额并进行赎回，再将赎回获得的组合证券随即卖出。当 ETF 二级市场价格大于基金份额净值，在二级市场买入组合证券并申购成 ETF 份额，随即将申购的 ETF 份额卖出。

基金投资实例：利用基金转换巧省钱

基金转换是一种非常实用的投资技巧，它是指投资者将其持有的某一基金的基金份额部分或全部转为同一基金公司管理的另一只基金的基金份额的行为。通俗来讲，转换业务相当于先赎回再申购，但是比通常的先赎回再申购有很多好处。在实际投资中可以帮投资者省去很多不必要的麻烦。

投资者小孙着急把手里的货币型基金换成股票型基金。通常股票型基金的赎回款需要

4~7 个工作日回到投资者的账户上，赎回货币型基金的款项到账也需要 2~4 个工作日。因此，就算他当天赎回货币型基金，资金到账后马上申购股票型基金，他最快也要等到六天后才能进行申购，这样的话如果行情发生变化，就会耽误最佳的买卖时机。

如果他直接办理了转换业务，在他提交转换申请的第二个工作日就可以将货币型基金转换成他想要的股票型基金了，这样不但节省了时间，而且可以更好地把握投资时机。

另一位投资者小张对自己持有的一只股票型基金的收益状况不太满意，但是他对目前这家基金公司的印象还不错，于是他打算把手头这只基金换成这家公司的另一只股票型基金。如果他采用赎回再申购的方式，因为持有时间不满一年，他在赎回时要承担 0.5% 的费率。然后申购另外一只基金，他还要再承担 1.5% 的申购费率，此时累计的费率已经高达 2% 。

但是如果他做转换则可以大大降低成本。因为很多公司对旗下的股票型和混合型基金之间的转换不收取转换费，也就是说，小张可以不花一分钱就实现对投资品种的转换。

从上面的两个例子可以看出，基金转换不仅能帮助投资者快速办理业务，还能帮助投资者减少不必要的支出。

基金投资实例：规划投资实现梦想

邱先生是一个很传统的人，他一直都认为钱只有放在银行才是最保险的。所以工作这么多年他从来没有进行什么投资，直到有一次和一个熟知多年的客户吃饭时，才了解了理财投资的重要性。原来那个客户的老婆是做基金的，她了解了邱先生的情况后，提出要帮他规划一下未来的生活，让他的资产在几年内实现大幅度的提升。邱先生家有两个孩子，一个 4 岁半，一个近 2 岁，雇了保姆，家中还有父母同住。有了第二个孩子之后，邱先生明显感觉到生活的压力，他也很想改变目前的这种状况。

邱先生 32 岁，是某外企的工程师，年薪 12 万元。太太 33 岁，是医生，年薪 15 万元，另有 2 万元/年的公积金。目前家庭现有存款 6 万元，股票现值 5 万元（仍被套）。

因为邱先生家中有两个宝宝，还有老人。所以她建议邱先生将现有的 6 万元存款作为家庭的紧急备用金，但可调整为货币型基金。在大市回暖的情况下，邱先生的 5 万元股票建议保持不动，预计在未来几年内可以获得 10% 上下的投资收益率。

同时她建议邱先生采取较为稳健的多元资产组合投资模式，年度节余可以 7：3 的比例投资于基金和较稳健的一年期定期存款。在大市走强的情况下，可购买股票型基金与债券型基金，大市震荡时，就只用于购买混合型基金。

她已经帮邱先生算过了，在乐观情况下，股市回暖，基金组合中股票型基金拉高收益率，预期收益率为 10%，利率调升至 3%，资产组合预期收益率约为：70% ×10% + 30% ×3% =7.9%。

即使股市回落，股票型基金走弱，基金组合中的债基走好，预期收益率为 4%，银行存款利率为2.25%，则资产组合预期收益率约为：70%×4%+30%×2.25%=3.48%。

邱先生觉得她的建议挺有道理，顿时感觉自己这么多年都是糊里糊涂的度过了。从来没想过钱还要这样理性规划，他决心按照规划实施下去，提升一家人的生活水平。

周蔚文操盘实录：独特的选股思维有优势

人物介绍

周蔚文，北京大学管理科学与工程专业硕士，12年证券从业经验。历任光大证券研究所研究员，富国基金管理有限公司研究员、高级研究员、基金经理。现任中欧基金管理有限公司投资总监兼研究部总监、中欧新蓝筹灵活配置混合型证券投资基金基金经理（自2011月5月23日起至今）、中欧新趋势股票型证券投资基金（LOF）基金经理（自2011年8月16日起至今）。

操盘分析

从周蔚文持仓股票可以发现，他并不是一位喜欢大众情人式股票的投资者，他管理的中欧新蓝筹2011年三季末重仓股显示出其独特的选股逻辑，很多重仓股并不是市场主流配置。

据2011年三季报披露，他增持了较多医药板块个股，如恩华药业（26.99，0.36，1.35%）、海翔药业（19.70，1.29，7.01%）、舒泰神（38.450，-0.65，-1.66%）等，不少股票的同业持有率非常低。第一大重仓股恩华药业仅4家基金重仓持有，永利带业仅中欧基金独自配置，还有舒泰神、汉得信息（33.720，-0.90，-2.60%）同业仅2家重仓持有。据天相投顾统计，截至12月9日，中欧新蓝筹四季度以来的净值增长率为4.56%，而四季度以来上证指数下跌1.86%，股票型基金净值平均下跌2.68%。

对于自己所表现出来的“独门”特性，周蔚文表示，背后投资逻辑很简单，那就是根据宏观环境趋势判断哪些行业可能会有比较好的前景，再从行业深挖具有成长性的公司。

尽管周蔚文已经对地产板块做了全面的分析，也有相对充足的把握，但是仍可以从他的配置中看出谨慎的态度。

2011年，市场总体趋势虽是下跌的，但仍有几次反弹的机会，如果抓住反弹的机会，业绩自然也会突出。如2011年6月，中小股普遍下跌，投资者都对中小股避而远之，周蔚文却加了一些小股票，结果效果挺好。周蔚文对大盘的准确把握表现在，当小股票在11月上涨时，他又及时减持了。

熟悉逆势投资的周蔚文，也深谙股票配置之道。在2011年如此低迷的市场环境下，实现基金净值增长无疑是个大难题，但中欧新蓝筹基金在2011年第四季度实现了逆势增长，这还要归功于周蔚文正确的股票配置：在第四季度，减持了一定的医药、消费以及新兴产业相关的股票，而增持了一定地产股和化纤股。

周蔚文介绍，国内的化纤产品价格与棉花价格息息相关，而此前棉花的期货价格已经见底。另外，在资金比较紧张的情况下，棉花需求会在实体经济紧缩的背景下进一步压缩，使得进货更少，价格有点超跌，所以随着之后的流动性改善，棉花价格可能会走强。之后一两个月的发展证明，周蔚文当时的判断是正确的。

煤炭和有色金属是不少基金追逐的热点，周蔚文却没有染指。“煤炭和有色金属的价格完全由国际定价，而根据当时国际市场的情况，我认为改善的时机会晚一点。在A股市场上，大家总是对上一次的牛市记忆犹新，总认为市场一涨，煤炭和有色就有戏。”

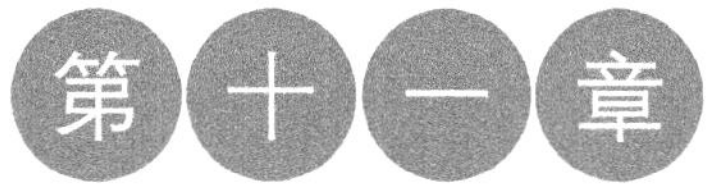

第十一章

相得益彰
——基金组合投资买赚技巧

为了实现长期、稳定的盈利，投资者在面对不可预知的金融投资风险时，建立基金投资组合是相当重要的。基金组合能够直接降低可分散风险，从而间接提高预期收益。另外，一套合理的基金组合，能够帮助投资者把握资本市场中突现的投资时机，通过长期积累帮助投资者实现高效投资。

第一节　基金投资组合的方式

基金投资组合是通过资产的动态配置和基金风格的互补来实现的。这样做，既有助于我们实现投资目标，也有助于我们适应行情的发展变化。

如何制定基金组合投资

投资领域有一句话：鸡蛋不要放在一个篮子里，意思是要分散风险。投资基金也一样，投资者需要在风险和收益之间找到平衡点，所以能够根据自身的特点（如风险偏好、风险承受力、期望收益率等），从众多基金产品中选择几只基金形成一个基金组合就显得尤为重要。

一、不同投资类型基金的组合

要想构建合理的基金组合，首先要明确各种类型基金的投资标的及其特点。各种类型的基金拥有不同的风险特征，例如股票型基金和债券型基金的风险主要来自于股票市场和利率的变动，而货币型基金的风险相对较低。将资金在不同类型的基金品种间进行配置，尽量投资于相关性较低的不同产品类别中，这样才能够有效分散风险。例如，如果您的风险承受能力较强，可以选择较大比例的股票型基金或混合型基金，这样可能获取更多的收益；反之则相反。

基金投资组合就是将不同类型的基金产品进行组合配置，即将股票型基金、债券型基金、货币型基金等不同类型的基金进行配置。一般来说，根据投资者的投资目标、风险偏好和年龄结构等因素，货币型基金的配置比例应控制在 0～30% 的范围内，保证部分资产拥有较强的流动性；债券型基金的配置比例应控制在 15%～50% 的范围内，保证部分资产的稳健增长；股票型基金的配置比例应控制在 20%～75% 的范围内，保证部分资产能够有较高的增值潜力。

二、新老基金组合

当市场处于上升阶段时，老基金持股比例较高，此时股票的上涨直接体现为基金净值的上升；当市场处于下跌阶段时，新基金持有现金比例较高，可以及时逢低买入股票。

三、不同投资标的组合

基金可以根据投资标的进一步细分，例如都是投资于股票市场，有的基金主要投资于中小盘股票，有的基金主要投资于大盘蓝筹股。市场往往是轮动的，某一段时期可能小盘股表现优异，另外一个时期可能大盘蓝筹股表现好。如果进行了不同投资标的的基金组合，那么在每轮行情中，投资者都可以分享市场带来的收益。

四、不同基金公司组合

由于投资理念不同，不同基金公司的投资风格也不同，如果投资者将资金分散投资到不同优秀基金公司旗下的基金产品，可以更有效地分散风险。

在制定投资组合时，投资者应注重基金业绩的稳定性而不是波动性，即核心组合中的基金应该有很好的分散化投资并且业绩稳定，可首选费率低廉、基金经理在位时间较长、投资策略易于理解的基金。此外，投资者应经常关注这些基金的业绩是否良好，如果其表现连续三年落后于同类基金，应考虑更换。

将不同公司、不同类型、不同投资标的的优秀基金进行组合投资，可以有效降低投资风险，充分分享市场收益。

构建基金组合的步骤

投资者在拥有构建基金投资组合的基本思路后，便可以按照以下三个步骤来构建自己的基金投资组合了。

一、明确投资目标

投资者构建基金组合的过程是建立在基金投资目标基础上的。因此，要构建适合自己的基金组合，首先要对自己的风险偏好、年龄结构、资产状况、收入水平、投入金额、目标实现时间等进行详细地了解和评估，进而制定合理的投资目标，例如子女教育目标、养老目标、购房目标等，然后根据投资目标制定一个基金组合，也可以根据不同的目标单独制定基金组合，实现独立管理。

二、测试自己的风险偏好

构建基金组合的目的是分散风险，并且获得良好的收益，而不同基金组合的收益也会有所差别。因此，投资者必须正视自己的风险承受能力，再构建适合自己的基金组合。根据风险偏好不同，投资者可以参照下面五种模式来构建自己的基金组合。

1. 保值型组合

在保值型组合中，现金的比例为 20%；股票型基金的比例为 10%；混合型基金的比例为 10%；货币型基金的比例为 10%；债券型基金的比例为 50%。如图 11-1 所示。

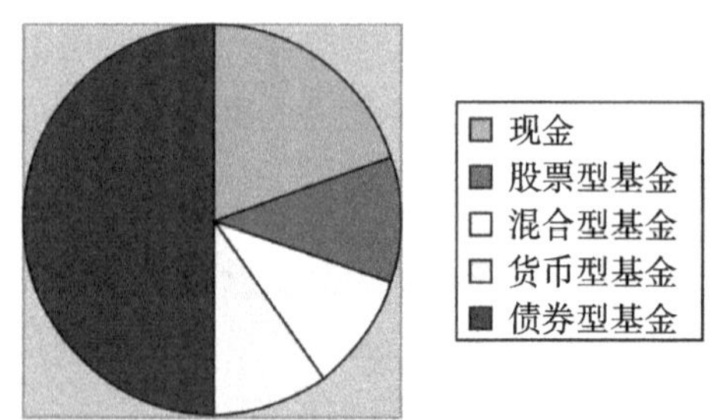

图 11-1 保值型组合中各种资产的配置比例

保值型组合适合于风险承受能力低、期望资产保值、期望短期实现投资目标的投资者。

2. 保守型组合

在保守型组合中，现金的比例为 10%；股票型基金的比例为 20%；混合型基金的比例为 10%；货币型基金的比例为 15%；债券型基金的比例为 45%。如图 11-2 所示。

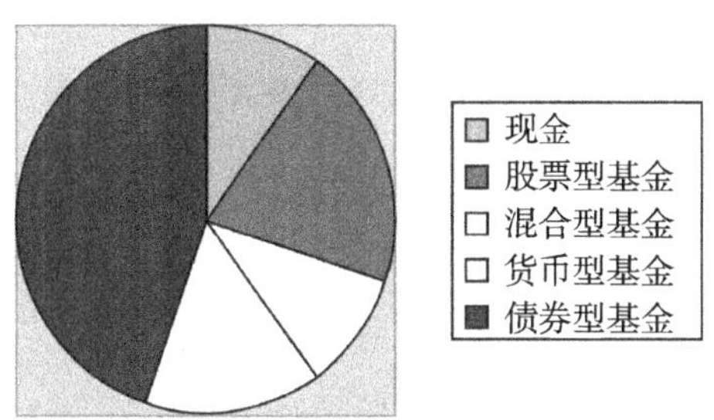

图 11-2　保守型组合中资产的配置比例

保守型组合适合于风险承受能力较低、期望资产稳步增值、期望短期实现投资目标的投资者。

3. 平衡型组合

在平衡型组合中，现金的比例为 5%；股票型基金的比例为 35%；混合型基金的比例为 15%；货币型基金的比例为 0%；债券型基金的比例为 45%。如图 11-3 所示。

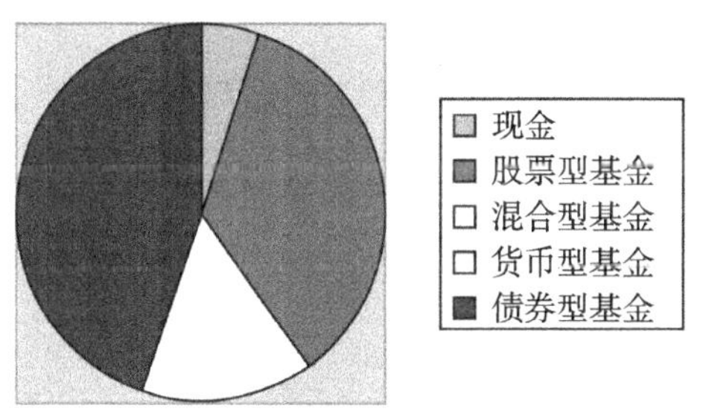

图 11-3　平衡型组合中资产的配置比例

平衡型组合适合于具有一定风险承受能力、期望资产快速增长、投资目标实现周期较长的投资者。

4. 成长型组合

在成长型组合中，现金的比例为 5%；股票型基金的比例为 40%；混合型基金的比例为 15%；货币型基金的比例为 0%；债券型基金的比例为 40%。如图 11-4 所示。

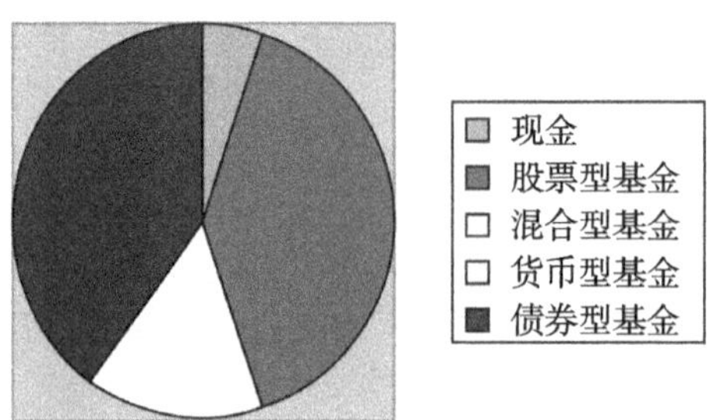

图 11-4 成长型组合中资产的配置比例

成长型组合适合于风险承受能力较高、期望资产快速增长、投资目标实现周期长的投资者。

5. 进取型组合

在进取型组合中，现金的比例为 5%；股票型基金的比例为 55%；混合型基金的比例为 10%；货币型基金的比例为 0%；债券型基金的比例为 30%。如图 11-5 所示。

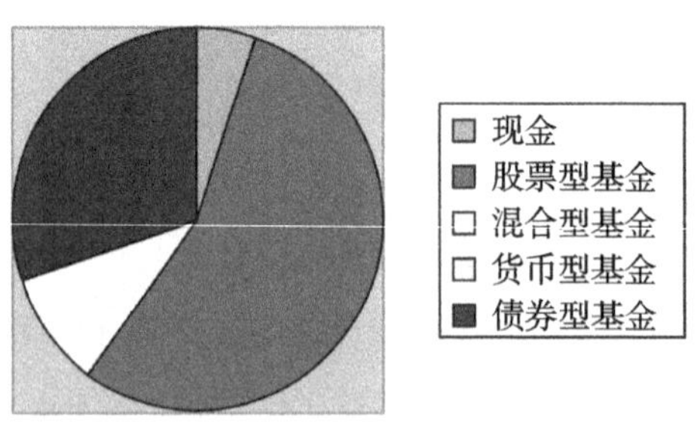

图 11-5 进取型组合中资产的配置比例

进取型组合适合于承受能力高、追求较高的价值增长，且投资目标实现周期长的投资者。

三、制定投资绩效考核

对基金组合的绩效考核既包括对组合整体收益的考核，又包括对组合中每一只基金收益的考核。投资者应尽量选择长期表现优秀的基金，从长期的角度来衡量一只基金的增长能力，而不宜用短期表现来判断一只基金的优劣。但是如果某只基金在未来 2～3 年能达到绩效考核的要求，则可以考虑进行调整。基金组合构建完成后，便不宜轻易改变，更不可频繁调整。投资者应树立正确的投资观，坚持长期投资，在时间复利的驱动下慢慢接近自己的投资目标。

基金组合的常见形式

基金组合有三种常见形式，分别是哑铃式、金字塔式和核心卫星式。

一、哑铃式基金组合

哑铃式基金组合是选择两种不同风险收益特征的基金进行的组合，如“股票型基金 + 债券型基金”“大盘基金 + 中小盘基金”“价值型基金 + 成长型基金”等，具体如图 11-6 所示。

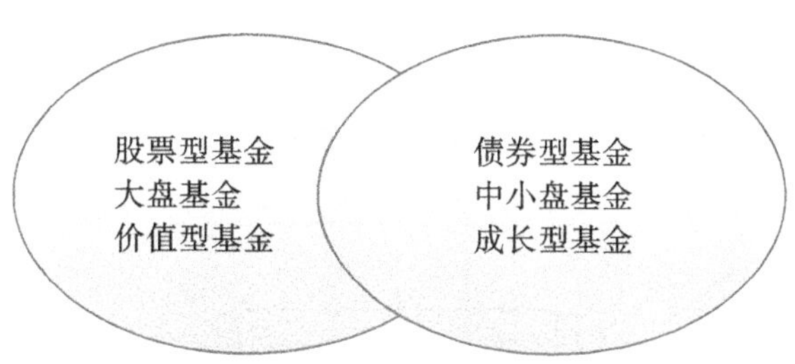

图 11-6 哑铃式基金组合示意图

哑铃式基金组合的优点在于结构简单，便于投资者管理，组合中不同类型的基金能够形成优势互补。

二、金字塔式基金组合

对于有一定投资经验的投资者来说，金字塔式的基金投资组合最为灵活。投资者可以在金字塔的“底端”配置稳健的债券型基金或相对灵活的混合型基金，在“腰部”配置能够充分分享市场收益的指数型基金，在“顶端”配置高成长性的股票型基金，如图 11-7 所示。投资者可以根据自己的投资目标与风险偏好，随时调整各类型基金的比例，从而获得较高的收益。

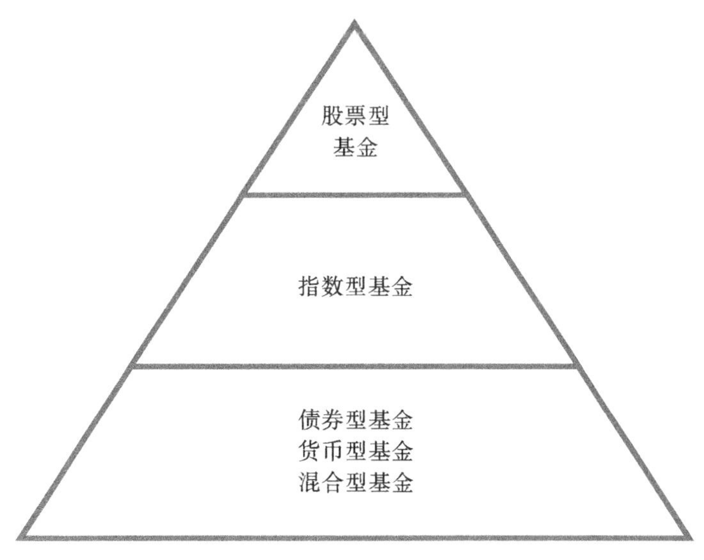

图 11-7 金字塔式基金组合示意图

三、核心卫星式基金组合

核心卫星式是一种相对灵活的基金组合方式。投资者可以为组合中的“核心”部分选择长期业绩出色且较为稳健的基金，为“卫星”部分选择短期业绩突出的基金，如图11-8所示。

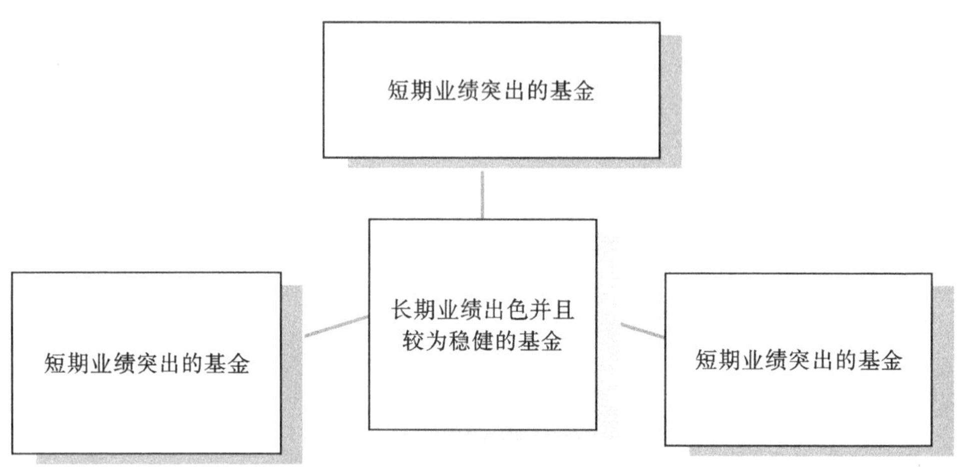

图11-8 核心卫星式基金组合示意图

核心卫星式组合既能够保障基金收益的长期稳定增长，又能够满足投资者灵活配置资产的需求。

基金组合投资的注意事项

面对市场上品种繁多的基金产品，很多投资者在选择组合配置的时候很随意，也不考虑风险因素。其实，在进行基金组合投资时需要注意以下几项。

一、建立核心组合

投资者应根据自己的风险承受能力确定一个明确的投资目标，然后选择三至四只业绩稳定的基金构成核心组合，这个核心组合是决定整个基金组合长期表现的主要因素。大盘平衡型基金适合作为长期投资目标的核心组合，短期和中期波动性较大的基金则比较适合作为短期投资目标的核心组合。

二、选购基金的数量

大多数投资者时间和精力都有限，如果资金不是太多的话，建议基金数量控制在五只以内较好。

三、分散风险

整个组合的分散化程度远比基金数目重要。如果投资者持有的基金都是成长型的或是集中投资在某一行业，即使基金数目再多，也没有达到分散风险的目的。相反，一只覆盖整个股票市场的指数型基金可能比多只基金构成的组合更为分散风险。根据风险决定基金组合基本配置方向，投资者要根据自己能承担的风险，确定基金组合的基本配置。

四、跟随市场

基金配置比例应根据市场趋势适时调整。例如，在熊市时，可以降低股票型基金和混合型基金的配置比例；在牛市时，增加股票型基金和混合型基金的配置比例。如果能够承担高风险，投资者还可以配一些分级基金。需要提醒投资者注意的是，不要股市一有变动，就调整基金组合配置。另外，投资者也应摒弃高买低卖心理。

五、投资多元化

在核心组合之外，不妨买进一些小盘基金、行业基金、新兴市场基金以及大量投资于某类股票或行业的基金，在实现投资多元化的同时，增加整个基金组合的收益。例如，核心组合是大盘基金，非核心组合可以搭配一些小盘基金或行业基金。但是这些非核心组合的基金也具有较高的风险，因此也要对其进行小心控制，以免对整个基金组合造成影响。

投资小技巧

基金组合投资不是简单的购买几只不同风格的基金，所谓的投资组合就是能够把风险量化，分散化，通过不同的资产配置把风险扩散，并且能够间接提高整体的收益风险比例，实现最佳性价比的基金购买方案。组合投资能让不同类型基金取长补短，让基金组合更好地满足投资人多样化的财务需求，帮助投资人以时间换空间，稳定地获得长期增值。

第二节　基金投资组合的调整

好的基金投资组合应是一个均衡的组合。为了实现投资目标，组合中各类资产的比例应维持在一个相对稳定的状态。随着时间的推移，组合中各项投资的表现各有好坏，表现特别好或特别差都会使整个组合失衡。所以，投资者应定期调整组合的资产比例，使之恢复平衡状态。

基金投资组合调整的原因

许多投资者在购买某只基金产品后很少关注其投资组合，只是关注该基金的净值回报率等，而忽略了基金的投资组合的变化。实际上，当基金的投资组合发生变化后，基金的投资风格和效率就可能发生变化，偏离投资者最初的目标，这时候就需要投资者考虑调整投资策略。

一、基金产品的基本面发生变化

在基金投资实际运作过程中，基金“基本面”发生变化的情况比较常见。各只基金的“基本面”都有可能因市场因素、人为因素等各种因素的变化发生变化。而这些变化都可能对整个基金组合产生影响。

对于投资者来说，如果基金组合中某只基金的“基本面”发生了较大的变化，很有可能会影响整个基金组合的平衡性和收益性，甚至会影响投资目标的实现。总之，当一只基金当前的基本情况已不再与构建基金组合时选择这只基金的理由相符时，投资者就应该考虑是否对其进行调整。

二、组合内的基金产品的业绩发生变化

基金产品的表现随时会发生变化，市场行情、基金经理变动等因素都可能导致基金业绩出现大幅波动。这时就需要投资者及时改变持有情况或调整持有比例，使风险能有效地控制在可接受的范围内，这样才能使投资更加安全。

三、投资者的投资目标发生改变

投资者在构建基金投资组合时，应该考虑自己的投资目标。当自己的投资目标发生变化时，就要相应地调整自己的基金投资组合。另外，当投资目标临近时，也应适当调整基金投资组合，逐渐减少高风险投资的比例。

四、投资者年龄发生变化

投资者在不同的年龄阶段应该选择不同的基金投资组合。在众多基金投资组合理论中，著名的“100 法则”和“40 + 法则”就是根据年龄调整投资组合的方法。在实际投资中，投资者可以根据自己的情况，选择不同的法则。

1. 100 法则

100 法则是指投资者用 100 减去自己的年龄就是可以将资金投资于股票市场的比例。假如投资者 40 岁左右，那么可以用 60% 的资金投资高风险的股票市场，剩余资金可以投资于低风险的银行存款、国债等；当投资者 60 岁时，只能将 40% 的资金投资于股票市场，而应该将更多资金投资于低风险市场，以寻求保值。

2. 40 + 法则

40 + 法则是指投资者用自己的年龄加上 40，就是自己应该投资于低风险品种的比例。假如投资者 30 岁，可以将所有资产的 70% 投资于低风险的理财品种，而将剩余的 30% 投资于股票等高风险品种；当投资者 60 岁时，应该将全部资产投资于有固定收益的低风险理财品种，这时就不应该去承受股票投资风险了。

调整投资组合的步骤

基金组合虽然强调稳定性，但也不应该是一成不变的。面对风云变幻的市场，只有及

时调整相关组合，才有可能达到进一步分散风险、提高收益的目的。基金组合需要调整时，投资者可以参考以下几个步骤。

一、确定投资计划

先根据投资目标、投资期限等因素确定在股票、债券和现金方面的资产配置比例，然后再决定是否需要对现有基金组合进行调整。时刻牢记：实现最佳的资产配置是一个动态目标，如果已经好几年都未考虑过资产配置要求，那么在采取调整措施前就应仔细考虑一下。

二、检查投资品种的相对业绩表现

每个季度（或每半年），投资者都有必要回过头看看，在自己的投资组合中贡献最大和拖累最大的品种分别是哪些，也可以与自己要求的回报率相比，找出那些偏差较大的品种。这里有两点需要注意：一是不要太看重短期表现，建议选取今年以来或者一年以来的回报作为依据；二是不要简单地把投资于表现差的资产转移到表现好的资产上，而应该主要看其实际价值与价格的相对位置，比如一些超跌的品种反而应该增持，它们可能存在更大的机会。

三、分析现有基金组合

了解每只基金的投资特点，如果投资特点有较多重合，那么择优保留。从现有的基金产品配置出发，如果股票型基金的比例与最佳配置比例偏差较小，比如 2%，那么就不需要对此进行任何调整。

四、调整你的基金组合

如果投资者的基金投资组合符合目标资产配置，并且没有冒险倾向于某个行业或某类风格的基金，那么一切都好。但是如果投资者决定对基金组合做一些改变的话，并且这种需求很明显时——如果债券型基金配置比重过大，有时卖出部分就能解决问题，而有时则需要进行更深入的研究才能作出正确的调整。

如果投资者没有能力对自己的基金品种进行比较深入地分析，可以采取相对简单的判断规则：如果长期业绩优秀，近期业绩也曾经在某个阶段表现出色，那么该基金可以优先保留；如果长期表现不佳，近期也没有转好的迹象，那么是可以首先考虑调出的品种。

五、养成再平衡的习惯

通常有两种方法可以帮助投资者达到再平衡或者进行定期再平衡，比如说每年 12 月进行再平衡，或者可以在组合严重偏离投资目标时进行再平衡。建议把这两种方法合二为一。

基金投资实例：一样的投资，收益却不同

高考结束后，小李和小王这一对好朋友选择在假期出去打工，两个人都挣了 10 000

元。大学开学前，两人商量要用自己挣的钱给自己买一份礼物，最后他们选择了由5 000元某股票型基金和5 000元某债券型基金所构成的基金组合。

对于小王来说，这份礼物他不太感兴趣，因为对于学习美术专业，喜欢时尚的他来说，漂亮的衣服更实用一些，买基金只是因为当时听说投资基金挺流行的，并且是小李极力推荐的。因此，小王买了这份礼物后便将其放在一边不管不问。而对于小李而言，他将这份礼物视若至宝，因为这是他自己的第一笔投资。

一转眼四年过去了，这对好朋友都毕业了，并且开始了各自的事业，他们渐渐感到了理财的重要性。周围的人不是买股票，就是买基金，这时小王想到了自己“珍藏”多年的基金，他在网上一查，基金竟然由当初的10 000元成了现在的12 000元。小王十分高兴，立即打电话把好消息告诉小李，并询问小李基金的持有情况。小李的回答让小王百思不得其解，因为小李告诉他，他的基金在没有追加任何投资的情况下，已经涨到了19 000元。

为什么小李比小王多赚了7 000元钱呢？原来，小王自从申购了这两只基金后，便一直没有对它们进行任何操作，长期持有了4年；而小李在申购了这两只基金后，每隔1年便会对股票型基金与债券型基金的比例进行调整，他的具体思路是：当股市行情好的时候，他卖出一部分债券型基金，买进股票型基金；当股市行情不好的时候，他卖出一部分股票型基金，买进债券型基金，所以，他比小李多赚7 000元是不无道理的。

基金投资实例：基金组合投资风险低

邹先生是一个很有理财头脑的人。30岁的他是某国有企业员工，享有住房公积金及社保，年收入100 000元左右；因为孩子刚出生，所以老婆在家休息带孩子。家里有一套房子，因为是按揭买房，所以每月需要还2 200元的房贷，已还二年，但买房时有借款100 000元。目前固定存款40 000元，活期存款30 000元，家庭每月支出2 200元左右；每月定投基金600元。按理说，邹先生一家生活水平已经是很好的了，但是他并不满足。他希望三年内还清借贷款，买一辆100 000元左右的汽车。

考虑到邹先生虽然工作稳定，但家庭收入单一，负债较多，为了对以后的生活进行规划，让一家人过上更好的生活，通过多方面的了解和分析，理财师为他作出了以下规划。

1. 留20 000元备用金，投资于货币型基金，需要用钱的时候可以提前两个工作日提出赎回申请。

2. 暂时闲置的资金可以按照5：1的比例配置银行推出的稳健理财产品或购买债券型基金。而每年年度结余的60 000元也可以逐步地按此比例进行配置。这样，可以完成6年内还清借贷的目标。

3. 基金定投是小孩教育和养老规划不错的选择。对于选择的定投基金也要根据行情，每隔半年左右进行一次调整。针对孩子的教育基金，建议邹先生在原先每月定投600元基金的基础上再追加1 000元，达到每月1 600元，按年复合收益率8%计算，18年后，这笔资金将达到76.8万元，可以满足孩子留学或独立创业等需求。

另外，理财师还建议邹先生做进一步的规划，例如当他步入中年后，可以慢慢将这部分资产调整为稳健型产品，如平衡型基金及债券型银行理财产品等，综合年收益率约为5%；在他退休前，投资侧重点应转入保值型产品，如债券、银行保本型理财产品等，以此保证退休前资产不会缩水。

王茹远操盘实录：情有独钟“朗玛信息”

在王茹远担任基金经理的两年多时间里，其管理的基金多次持有朗玛信息。其2012年6月30日担任宝盈核心优势的基金经理，三季度便立即买入朗玛信息65 000股，当时该基金仅占该股流通A股的0.49%。虽然持仓数量较少，但当时朗玛信息股价高，三季度末宝盈核心优势持有朗玛信息的市值高达393.25万元，朗玛信息成为该基金的第八大重仓股。当年三季度，朗玛信息的涨幅高达51.71%。

2012年四季度王茹远减持了24%的朗玛信息，但朗玛信息依然是宝盈核心优势的重仓股之一。2012年底宝盈核心优势共持有朗玛信息49 210股，持仓市值达到323.4万元，为第六大重仓股。

2013年8月1日至2014年10月17日，王茹远同时管理两只基金——宝盈核心优势A、C和宝盈策略增长。2014年一季度末，宝盈核心优势持有朗玛信息288万股，占朗玛信息流通A股的10.75%，持仓市值高达1.45亿元。2014年一季度末，宝盈策略增长持有朗玛信息178万股，占该股流通A股的6.64%。上述两只基金分别成为朗玛信息的第一大和第三大机构股东。

2014年中报显示，宝盈核心优势继续持有朗玛信息288万股，宝盈策略增长增持至230万股，分别占其流通A股的10.75%和8.58%。

2014年三季度末，宝盈核心优势增持朗玛信息至330万股，宝盈策略增长增持至288万股，分别占其流通A股的12.31%和10.75%。而朗玛信息也成为宝盈核心优势的第二大重仓股，和宝盈策略增长的第三大重仓股。

2014年10月，王茹远离开公募业，成立上海宏流投资管理公司，出任董事长，并组建了一支精简的投资团队。没过几个月，又一次和朗玛信息产生新的“关系”。

到2015年3月19日，朗玛信息掷出向互联网医疗转型再融资的举措，“私募一姐”王茹远拟出资约3.5亿元参与此次定增。

朗玛信息公告，拟以158.36元/股非公开发行631.471万股，募集资金约10亿元，主要用于健康管理服务平台、药品服务O2O平台的建设及补充流动资金。

在朗玛信息最新公布的定增预案中，对移动医疗领域颇为看好的“私募一姐”王茹远也“现身”参与。

在朗玛信息此次拟非公开发行对象中，公司实际控制人王伟拟出资约3.5亿元认购

221.015万股；王茹远领军的上海宏流投资管理有限公司（宏流大健康1期基金）拟出资约3.5亿元认购22 1.015万股；自然人吴镇发拟出资3亿认购189.441万股（截至去年底持有朗玛信息85.4万股入围前十无限售条件股东）。

3月26日，朗玛信息再次一字涨停，报282.82元，接棒全通教育，成为两市新“股王”。市场传闻中国证监会开会将严厉打击股价操纵行为影响，其中点名全通教育。受此影响全通教育股价跌停，股价报273.6元。在如此高位，朗玛信息气势如虹，连续5个涨停板，足以闪瞎监管者的双眼。2014年4月初，朗玛信息从47.05元起步，在不到一年的时间里，已经上涨至282.82元/股的高位，其间涨幅高达601%。这是不到三年时间里，王茹远第三次大举进驻朗玛信息，对其的喜爱之情显露无遗。

参考文献

［1］罗斌．基金投资入门与实战技巧［M］．北京：北京时代华文书局，2015

［2］程国强．基金投资入门与技巧［M］．北京：中华工商联合出版社，2011

［3］齐晓明．新基民买基金——从入门到精通［M］．北京：中国劳动社会保障出版社，2012

［4］朱敏，张毅．基金投资——从入门到精通［M］．上海：上海交通大学出版社，2007

［5］杨伟凯．富总裁教你买基金［M］．北京：中国人民大学出版社，2009

［6］蓝海．基金这样炒［M］．北京：经济管理出版社，2013

［7］黄曲欣．有钱人都是这样买基金［M］．长沙：湖南科技出版社，2013

［8］法尔博．债券及债券型基金投资从入门到精通［M］．北京：人民邮电出版社，2013

［9］周迪伦．做自己的基金经理：给亿万股民的投资忠告［M］．北京：中国经济出版社，2014

［10］朱丽娟．新手学炒股票与基金［M］．北京：清华大学出版社，2012

［11］黄金．零起点基金投资一本通［M］．北京：中国宇航出版社，2014

［12］王仲麟．我靠基金38岁退休［M］．北京：商务印书馆，2013

［13］杨琪．基金投资入门与技巧［M］．北京：清华大学出版社，2012

［14］孟建军．基金理财一本通［M］．广州：广东经济出版社，2008

［15］王亚卓．基金投资五星策略［M］．北京：企业管理出版社，2010

［16］周峰．明明白白买基金［M］．北京：中国电力出版社，2012

［17］石伟．像基金经理那样投资［M］．北京：企业管理出版社，2013

［18］杨红书．基金投资攻略［M］．北京：北京工业大学出版社，2012

［19］周青松．基金投资操作指南［M］．北京：经济管理出版社，2014